医師も薦める

子どもの運動

フィジカルトレーナー
中野ジェームズ修一 著

慶應義塾大学医学部
スポーツ医学総合センター
佐藤和毅・田畑尚吾 監修

徳間書店

子どもの運動能力を伸ばすために

○子どもに楽しく運動をしてもらいたい
○体力が向上してほしい
○足が少しでも速くなったら……
○ケガをしにくい体になってほしい
○やっているスポーツのレベルをアップさせたい
○子どものもっている運動能力が開花してほしい

こんにちは。フィジカルトレーナーの中野ジェームズ修一です。私はパーソナルトレーナーとして日本を代表するアスリートを、チームトレーナーとして青山学院大学駅伝チームなど多くのチームの指導をしています。

また一方で、地方自治体から依頼を受けて「運動で健康な体、豊かな人生を送ろう」と、指導者の方々や市民の方々に運動指導をしています。

そうした取り組みをするなかで感じるのが、子どもの運動の必要性です。そして、冒頭のような切なる願いを保護者や指導者の方々からたびたびお聞きします。

本書を手にとってくださった読者のみなさんの心にも、きっとこのような思いがあるのではないでしょうか。そういった思いや声にお答えするために、**子どもの健康と運動能力向上をテーマ**にした本書が生まれました。

慶應義塾大学医学部スポーツ医学総合センターの佐藤和毅教授には整形外科医の観点で、同センターの田畑尚吾助教には内科医の観点で、本書の監修をしていただきました。具体的に、**子どもにはどんな運動が必要で、どんな運動をさせてはいけないのかを説明し、保護者と子どもが一緒に取り組める構成**となっています。

激変する子どもを取り巻く環境

本題に入る前に、なぜ、いま私が子どもの運動の必要性を感じているのかについて考えてみたいと思います。

読者のみなさんも、ご自身の子ども時代と比べて、お子さんたちの運動時間が足りていないのでは、体力・運動能力が低いのでは、と感じているかもしれません。

実際に数字で見てみましょう。スポーツ庁が行っている「体力・運動能力調査」によれば、１９８５年ごろから１９９８年あたりまで、子どもの体力は右肩下がりです。現在は低下に歯止めがかかり、上昇傾向がある種目が出てきたものの、多くのテスト項目でいまだに低い水準にあります。

文部科学省が策定した「幼児期運動指針ガイドブック」では、幼児期（3〜6歳）の運動時間として1日60分以上を推奨しています。そこには「**幼児は様々な遊びを中心に、毎日、合計60分以上、楽しく体を動かすことが大切**です！」とあります。

また、日本体育協会は「子どもの身体活動ガイドライン」で、**子ども（おもに小学生・中学生）にとって1日60分以上の体を使った遊び、体育・スポーツなどの身体活動が必要**だとしています。最低1日60分の運動、お子さんたちはできているでしょうか？

子どもたちが運動不足になる原因は、いくつか考えられます。

- **テレビや動画を観たり、ゲームをしたりする時間が長い**
- **習い事で忙しく、遊ぶ仲間もいない**
- **近所に遊ぶ場所が少なく、あったとしても遊び方がわからない**
- **車やエレベーターなどの移動手段が発達し、歩く機会が少なくなった**

現代は、積極的に運動をする時間をつくらなければ、運動不足になってしまう時代だといえるのです。

子どものリズムは大人がつくる

最近は、平熱が36度以下の低体温の子どもが多いといわれるようになりました。

その要因には、身体活動の低下、朝食の欠食、睡眠不足が考えられます。

たとえば、両親が共働きでどちらも帰宅時間が遅いと、夕食の時間が夜遅くなる可能性が高くなります。塾に通っていて、学校の宿題と塾の課題をこなすと、布団に入るのが深夜になってしまうこともあるかもしれません。どんなに就寝時間が遅くても、朝は定時に起きて学校に行く必要があるので、当然、睡眠不足になります。

また、就寝が遅いと、朝はギリギリの起床時間になりがちなもの。しっかりと朝食をとる時間がなく、大人も朝食をパンなどで簡単に済ませているといった場合、子どもはエネルギー不足になってしまいます。

睡眠不足、エネルギー不足に陥れば、おのずと活動量は低下しますし、学校に行っても眠いままといったことが起こります。

逆に睡眠が十分で、朝食をしっかりと食べて、通学で体を動かしていれば、学校の授業が始まるころには十分に体温が高まるといわれています。

スポーツにたとえると、ウォーミングアップができている状態です。

そうなると**授業中の集中力もおのずと高まる**でしょう。

朝起こされた子どもがとても機嫌が悪い場合、低体温のために体がまだ寝ているという可能性が考えられます。体温が低い状態で1日が始まれば、子どもはなかなか遊ぼうとしません。というよりも、遊ぶ気力が湧かないのです。

身体活動はますます低下していき、体温がもっとも高くなる時間も後ろ倒しになります。本来は体温が低くなる時間帯に体温が高いままで、寝ようと思っても眠れないといったことが起こり、また睡眠不足になってしまいます。

生活リズムの改善には、保護者の協力と運動が不可欠です。十分な運動をしていれば、子どもは適度な疲労のおかげで、夜眠くなり、早く就寝できれば朝早く起きられ、朝食もゆっくり食べられるという好循環になります。

楽しく運動できる環境をつくる

近年、本来は成長にともなって自然とできるようになるはずの「歩く、走る」といった系統発生的運動がうまくできない子どもが目立つようになりました。走っているときによく転ぶ、不自然な走り方になってしまう。そんな子どもが増えています。

これらは成長とともに自然に身につき、無意識にできるようになる運動です。
ところが、走ろうとするとぎごちない動きになってしまう。それは、幼いときからの日常的な身体活動不足が原因である可能性が高いのです。
本書は、**「子どもにとって正しい運動とは何か」ということを第一に考えて**つくりました。科学の進歩と同じように、運動の世界も日々進歩しています。
昔からみんながやっていることでも、実は子どもにとっては危険な筋トレやストレッチは数多くあります。逆に、あまり知られていないもので、子どもに有効な運動も数多くあります。本書ではその線引きを、きっちりとやっています。
環境などの問題から、外で遊ぶ時間を昔のように増やすことは難しいかもしれません。だからこそ、意識的に子どもが運動をする環境をつくらなければいけないのです。子どもの健康ため、運動能力向上のため、**大人が子どもと一緒に楽しく運動できる環境を、私と一緒につくっていきましょう！**

フィジカルトレーナー
中野ジェームズ修一

医師も薦める

子どもの運動

C O N T E N T S

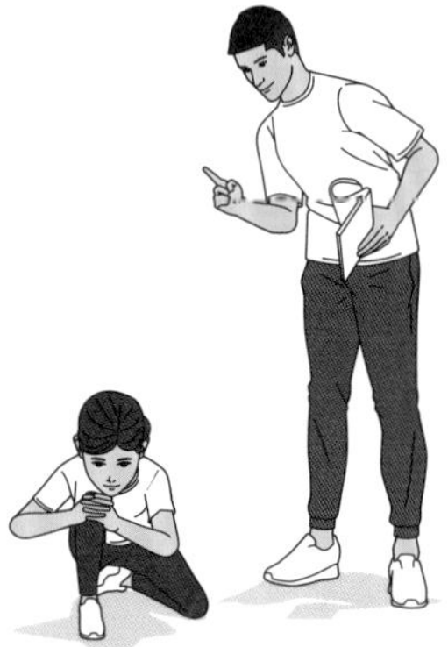

section 1

理論としての子どもの運動

section 2

子どもがやってはいけない筋トレ

section 3

子どもがやるといい筋トレ

section 4

子どもがやってはいけないストレッチ

section 5

子どもがやるといいストレッチ

section 6

子どもの柔軟性バランスチェック

section 7

医学的見地からみた子どもの運動

section 1

理論としての子どもの運動

子どもに必要な運動と大人に必要な運動は違う

近年、日本には多種多様なジムやスポーツ施設が増え、一般人が筋力トレーニングをするのも珍しいことではなくなりました。読者のみなさんの中には、ご自身がジムに通っていたり、自宅で筋トレをしたりしている方もいるのではないでしょうか。筋トレ自体は体にいいものですから、ぜひそのまま継続してもらいたいのですが、**お子さんが取り組むべきトレーニングと、大人が取り組むべきトレーニングは別のもの**だということを覚えておいてほしいと思います。

人間は生まれてから成人するまでの間に、骨や臓器などさまざまなものが成長していきます。その成長具合を表したものが、「スキャモンの発育曲線」と呼ばれる左ページの図です。

20歳時の発育を１００％とした場合の成長による変化率を、一般型、神経型、生殖型、リンパ系型の４つに分けてグラフ化しています。一般型は臓器や筋肉、骨格など、神経型は脳や脊髄、感覚器など、生殖型は生殖器、乳房、咽頭など、リンパ系型は胸腺などのリンパ組織の成長を示しています。

たとえば**３～８歳の間は、４つの中でもっとも成長が早い神経型にポイントを置**

くことが大切です。①安定した立位ができる体づくり、②基本動作（起き上がる、転がる、跳ぶ、またぐ、手をついて体を支えるなど）、③複雑な動作習得（スポーツ技術のように見て真似て動いてみる動作）といったことです。

昔は、外で遊んだりするなかで、自然と身につけていたものなのですが、現代の子どもは、この大切なポイントをクリアするのに必要な運動量をこなせていない場合が多々あります。それゆえ、普段の生活にエクササイズをプラスする必要があるのです。

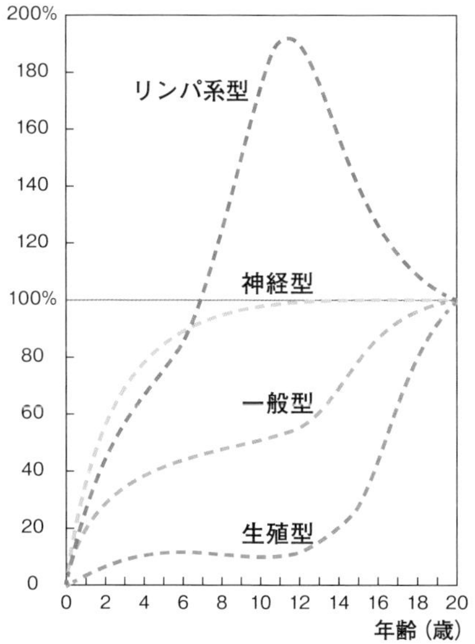

スキャモンの発育曲線

9~12歳はゴールデンエイジ

神経型の発育は、12歳までにほぼ100%に達します。それゆえ9~12歳の年代はゴールデンエイジと呼ばれ、**スポーツにおいての複雑な技術をスムーズに習得できる貴重な時期**とされています。何か競技に取り組んでいるのであれば、動作習得にもっとも適したタイミングです。その補助、または体づくりの一環として取り組んでほしいのが、おもに体を安定させるトレーニング、空間認識のトレーニング、それからジャンプする力を養うような下半身のトレーニングです。

しかし、呼吸・循環器系をはじめとした一般型が50%程度までしか発育していない時期でもあります。高強度（長時間および高負荷）のトレーニングには適していません。また、身長が伸びている間は、成長軟骨の保護、成長病と呼ばれることもある膝のお皿の下が痛くなるオスグッド病などの障害予防のためにも、高強度のトレーニングは避けるべきでしょう。

この時期の子どもの筋トレは、筋肉に力を発揮する指令を出す神経機能の向上や、筋肉自体の収縮能力の向上がおもな目的。大人のように筋トレを継続することで、筋肉量が大幅に増大するというのは、子どもには起こりにくいものです。

打ち込みすぎは障害につながる

ゴールデンエイジは動作の習得に適した年代と言いましたが、**偏ったスポーツを過剰にやらせるのは、当然避けるべきこと**です。野球、テニス、ゴルフなどの左右非対称のスポーツやトレーニングも、成長段階にある子どもの骨の形成に悪影響となる可能性があります。

肩関節周辺の骨の成長が止まるのは、個人差はありますが18〜21歳、肘関節は14〜18歳くらいと言われています。成長途中にある年代に、制限なく投げ込みをさせたり、片側だけで過剰な回数のスイングをさせたりするのは、おすすめできません。回数をある程度制限する、左右をバランスよく行う、1つの種目にこだわりすぎないことが重要です。

また、ミスをした、ゲームで負けた、遅刻をしたなど、失敗をしたことの罰としての筋トレも避けるべきです。読者のみなさんが学生のころは、失敗をした際に「腕立て伏せ50回!」などと、罰として筋トレをやらされたことがあるかもしれません。私もたくさんありました。しかし、罰として筋トレを行っていると、嫌なイメージしか残りません。**筋トレはケガの予防やパフォーマンスアップといったメリットのあるもの**だと認識させ、好きになってもらうことのほうが大切だと思います。

小学生のときはさまざまな運動を

子どもの体はつねに成長しています。その時々で、最適な運動、必要なエクササイズは変わっていきます。人間の脳神経機能は、12〜13歳までに90％ほどが完成されると言われています。一方、その時点で筋肉は50％程度しか成長を終えていません。つまり、この時期には、**筋骨格系の運動よりも、脳神経機能を向上させる運動をさせたほうが良い**でしょう。

日常生活の中で行われている動作だけでなく、さまざまな種類の運動を幅広く行うと、それぞれの動作をどのようにして行えば良いのかを考え、神経が脳の情報を体に伝えます。そして、脳・神経・筋肉の連携がうまくとれるようになり、その動きがパターン化されて正確に行えるようになります。これが、スポーツでいう練習ということになります。この**脳・神経・筋肉の連携の向上によるパフォーマンスアップが、小学生年代は非常に高い**のです。子どものほうが、大人に比べて、水泳などの動きが難しいスポーツの動作を短期間で習得できるのは、そのためです。ほかに例を挙げるなら、自転車もそうですね。大人になってからの習得はなかなか難しいですが、子どもはすぐに乗れるようになるものです。

子どもは頭ではなく動作を体で学ぶ

大人は、子どもに対してスポーツに関する動きを理屈で説明しがちです。大人に対する運動指導は理屈で説明しないと効果が上がらない面があるのは事実ですが、子どもは違います。**脳神経機能が急速に発達している時期の子どもは、理屈ではなく、体で動作を習得**していきます。

子どもは、動きを真似して習得していくのが得意です。プロ野球選手の投球フォームやバッティングフォーム、サッカー選手のドリブルやフェイントなどをよく真似ていますし、そこから自然に動作を習得しています。学ぶという言葉は真似る（真似ぶ）と語源が同じだと言われていますが、まさに子どもは真似ることで学んでいるのです。

子どもに動作を教えるとき、「肘をこのタイミングで曲げて、膝はこの方向に、そしてこの筋肉に力を入れて……」と細かく説明しても、それを正しく認識して実際の動きに結びつけるのは難しいと思います。本書で紹介しているトレーニングに関しても、効果や動きの説明はざっくりでかまいません。**写真や動画を見せながら、あるいは保護者の方が手本を見せて真似させるだけでいい**のです。

成長段階に合わせたトレーニングが必要

小学生年代は、脳神経機能が急速に発達するというのは前述したとおりです。筋骨格系機能が脳神経機能の著しい発達に追いついていない段階で、仮に質の良い筋骨格系トレーニングをたくさんやらせたとしても、大きな効果は期待できないでしょう。**優先すべきは、動作習得です。**

中学生年代になると、おもに呼吸循環器系が発達していきます。全身の持久力が高まる時期です。中学生以上になると、体育の授業に持久走が組み込まれていたり、マラソン大会などが実施されたりするのは、そのためです。ようやく骨の成長が安定し、筋肉が発達していくのが高校生年代。このころに、パワーや瞬発力を高めるトレーニングに取り組めば、十分な成果が得られるはずです。

しかし、高校生になるまで筋骨格系のトレーニングが不必要というわけではありません。昔のように野山を駆けまわっていれば別ですが、現代の子どもは、室内で過ごす時間が多くなり、筋肉や骨への刺激が明らかに少なくなっています。フォームや強度に気をつけなくてはなりませんが、**日常生活で不足している筋肉や骨への刺激を補填する意味で、ある程度の筋トレが必要**なのです。

成長期理論

子どもの発育発達とトレーニング

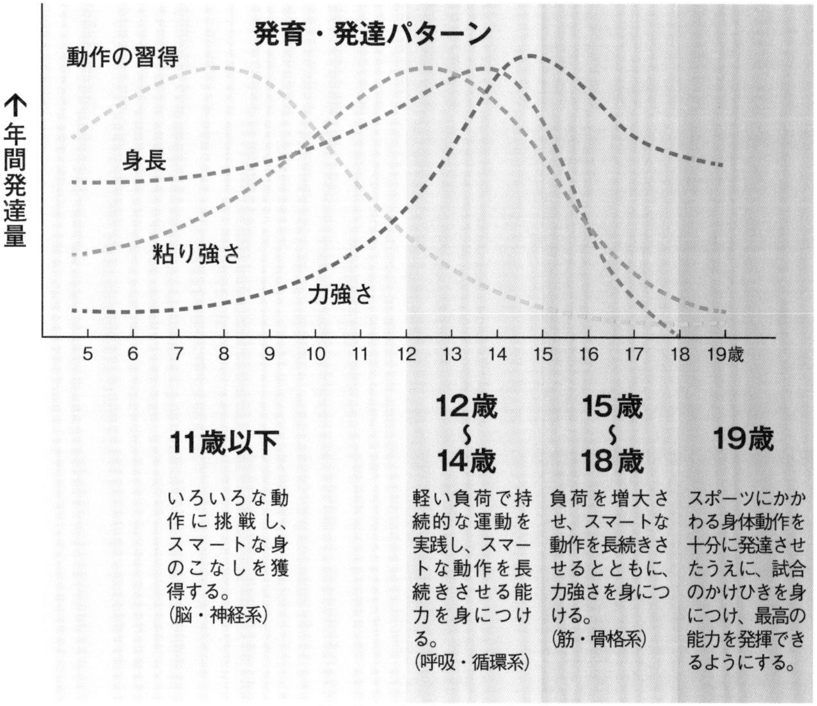

11歳以下

いろいろな動作に挑戦し、スマートな身のこなしを獲得する。
（脳・神経系）

12歳〜14歳

軽い負荷で持続的な運動を実践し、スマートな動作を長続きさせる能力を身につける。
（呼吸・循環系）

15歳〜18歳

負荷を増大させ、スマートな動作を長続きさせるとともに、力強さを身につける。
（筋・骨格系）

19歳

スポーツにかかわる身体動作を十分に発達させたうえに、試合のかけひきを身につけ、最高の能力を発揮できるようにする。

（宮下充正　小林寛伊　武藤芳照『子どものスポーツ医学』南江堂、1987）

1日に14品目の摂取を目指す

子どもにどんな食事を食べさせるべきか――運動をすることと同様、**バランスのとれた食生活を送ることは、子どもの体の成長、健康的な体づくりにとても大切な要素**です。厚生労働省が発表している「日本人の食事摂取基準」(厚生労働省のホームページ上で公開されています) には、年齢、性別ごとに主要な栄養素の推奨量、目安量などが載っているのでチェックしてみてください。しかし、毎日、食材ごとの栄養素量を計算しながら食事をするというのは、あまり現実的ではないかもしれません。

バランスの良い食生活を送るために私がおすすめしているのが、1日に14品目食べるという食事方法です。14品目とは穀類、肉類、魚介類、豆・豆製品、卵、牛乳・乳製品、緑黄色野菜、淡色野菜、キノコ類、イモ類、海藻類、果物、油類、嗜好品です。1日の食事の中で、穀類は最低でも3回以上、あとの食品は1日1回以上はとるようにして、14品目を網羅することを目指してみてください (※大人の場合は、穀類は2回以上で、そのほかは1日1回だけに限定します)。

この食事法は、実際に指導の現場でたくさんの私のクライアントに実践してもらい、成果が出ているものです。何を隠そう、私も14品目摂取を意識した食生活を送っています。もちろん毎日は難しいかもしれません。しかし、14品目摂取を意識するかしないか、その積み重ねは大きな差となります。**子ども時代の食生活は、お子さんの将来の食生活にも影響を与えるもの。**いわば一生ものです。14品目摂取に取り組んで損はないはずです。

食品表

	穀類	白米、玄米、パン、餅、パスタ、うどん、そば、そうめん、中華麺など
	肉類	牛肉、豚肉、鶏肉、ソーセージ、ハムなど
	魚介類	魚、イカ、タコ、エビ、貝類など
	豆・豆製品	大豆、豆腐、納豆、豆乳、厚揚げ、インゲン、エンドウなど
	卵	生卵、卵白、卵焼き、ピータンなど
	牛乳・乳製品	牛乳、チーズ、ヨーグルトなど
	緑黄色野菜	トマト、パプリカ、ピーマン、ブロッコリー、ニンジン、ホウレンソウなど
	淡色野菜	キャベツ、レタス、キュウリ、タマネギ、カブ、ダイコン、カリフラワーなど
	キノコ類	シメジ、マイタケ、ナメコ、シイタケ、エノキ、エリンギなど
	イモ類	ジャガイモ、サツマイモ、ヤマイモ、サトイモ、コンニャクなど
	海藻類	わかめ、ひじき、のり など
	果物	オレンジ、キウイ、バナナ、グレープフルーツ、リンゴなど
	油類	ドレッシング、オリーブオイル、バター、揚げ物など
	嗜好品	チョコレート、クッキー、ケーキ、和菓子など

トレーニングパートの
トリセツ

ページを開いたまま 床や机に置ける

本書はPURノリ（反応性ポリウレタン系ホットメルト接着剤）を使った特殊な製本により、本のページが開くつくりになっています。一般的な製本よりもノド元まで開き、しかも丈夫で長持ちします。筋トレやストレッチを行う際には、本のノド元をグッと押していただければ、ページが開いたままの状態で床や机の上に置けます。

スポーツ医学の専門医による 「医学的にも正しい運動」の監修

本書は日本のトップフィジカルトレーナーとしての中野ジェームズ修一氏の経験と知識にくわえ、慶應義塾大学医学部スポーツ医学総合センターの佐藤和毅教授には整形外科医の観点で、同センターの田畑尚吾助教には内科医の観点で、本書の監修をしていただいています。

動画で
CHECK!

わかりづらい運動は 動画でチェック

動きが複雑な運動に関しては、スマートフォンやタブレットでQRコードを読み取ることで、動画で確認することができます。本の説明と照らし合わせて、ご活用ください。

※ QRコードでの動画視聴サービスに関する注意点
・動画閲覧にかかわる通信費につきましては、お客様のご負担となります。
・スマートフォンデータ定額プランの加入など、お客様の通信費に関する契約内容をご確認のうえ、ご利用されることを推奨します。
・スマートフォンやタブレットの機種やOSによっては、閲覧できない場合がありますのでご了承ください。
・このサービスは、予告なく終了する場合があります。

section 2

子どもがやってはいけない筋トレ

こんな筋トレを子どもにやらせたらキケン！

プッシュアップ

プッシュアップは、上半身の強化メニューの定番として行われています。しかし、回数をたくさん行わせたり、スピードを上げて反動で行わせたりすると、コア（体幹部の力）が抜けて腰が下がり、肩甲骨が過剰に内転します。その結果、翼状肩甲と呼ばれる、肩甲骨の内側縁が浮き上がる障害につながる可能性があります。強度をできるだけ下げ、動きをコントロールしやすい方法で行いましょう。

これなら安全!

膝立ちプッシュアップ

目安の対象年齢
9~12歳

1

両手、両膝を床についた四つ這いの姿勢から、
腕を曲げてゆっくりと胸を床に近づけます。

こちらにチェンジ

2

5~20回×1~3セット

十分に近づいたら腕を伸ばします。体力に応じて
5～20回を1～3セット行います。

こんな筋トレを
子どもにやらせたらキケン!

階段ダッシュ

心肺機能アップのためによく行われる階段ダッシュですが、心臓、肺、骨格、筋肉などの一般型と呼ばれる器官が成長段階の子どもが繰り返し行うことは、各臓器への負担につながるおそれがあります。

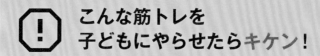

これなら安全!

ジャングルジム

目安の対象年齢
3〜12歳

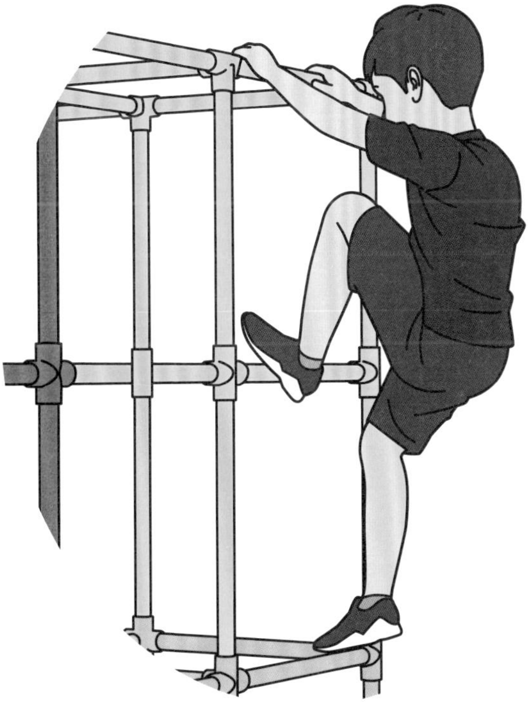

こちらにチェンジ

神経系の発達が顕著にあらわれる年齢の間は、空間認識や四肢の連動、バランス力を向上させる運動がおすすめです。ジャングルジムは、それに適したものだと言えます。

こんな筋トレを
子どもにやらせたらキケン!

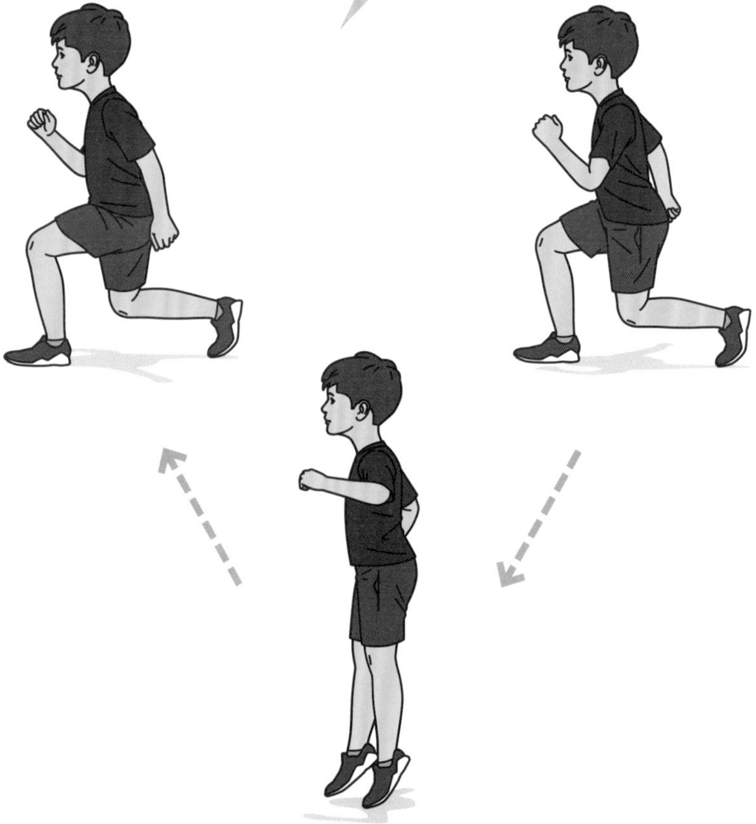

スプリットジャンプ

走る動作習得や、走るのに必要な筋力や瞬発力の強化のためによく行われるトレーニングです。しかし、まだ体幹が安定していない子どもが繰り返し行うと、着地の際に膝関節が不安定になります。膝が 90度以下の屈曲角度になる可能性が高くなり、場合によってはオスグッド病の原因になるおそれがあります。

これなら安全！

エアランニングマン

目安の対象年齢
3～12歳

1

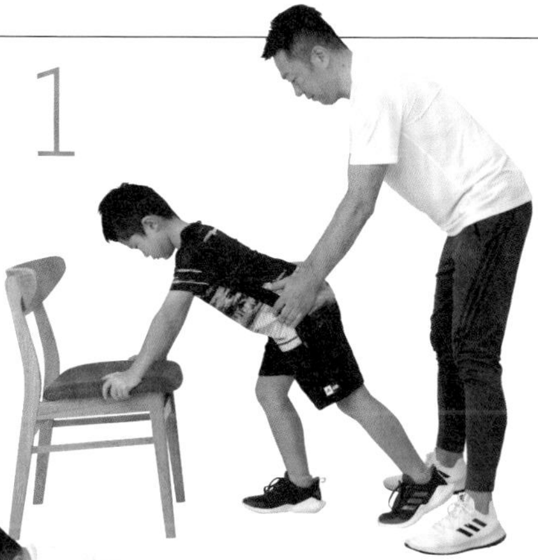

子どもは椅子の縁を両手でつかんで、両足を前後に開きます。大人は子どもの後ろに立ち、両手で腰をつかみます。椅子があると上体が安定して、安全に行えます。

2

子どもはジャンプして足を入れ替えます。大人は腰を引き上げてサポートします。

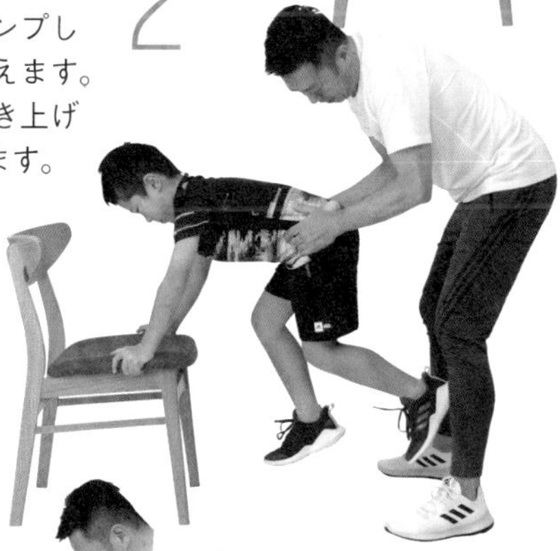

こちらにチェンジ

3

左右1セット10～20回

10～20回を目安にリズミカルに繰り返します。

動画でCHECK!

こんな筋トレを
子どもにやらせたらキケン！

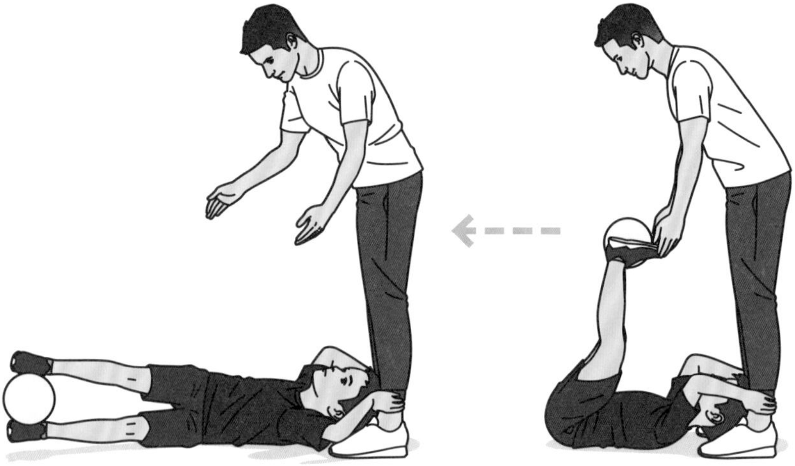

捻り動作のある反動を使ったレッグダウン

椎体がまだ完成していない成長段階の子どもが、脊柱を捻りながら反動を使う動作を数多く繰り返すと、腰椎分離症（腰椎の疲労骨折）になる可能性があります。サッカーボールを蹴る、テニスでサーブをするといった動作を強化するのに有効なトレーニングではありますが、数をこなすほどリスクは高くなります。

これなら安全!

まっすぐで可動範囲が少ないレッグダウン

目安の対象年齢
9〜12歳

1

仰向けに寝ます。両腕は伸ばして床に。膝を曲げて、足を床から離して、膝を上体に近づけます。

こちらにチェンジ

2

10〜20回

膝を伸ばしながら、足を頭の方向に。腰を床から離します。ゆっくりと、仰向けに寝た状態に戻ります。10〜20回を目安に繰り返します。

こんな筋トレを
子どもにやらせたらキケン！

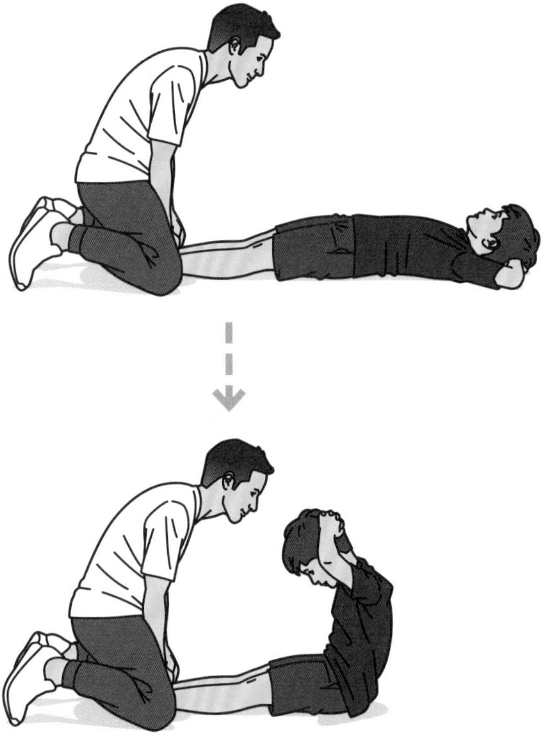

足を持ってもらって反動を使うシットアップ

上体を起こす動作や、体幹の安定に欠かせない腹直筋のトレーニングであるシットアップ。部活動などで見られる、足を持ってもらい速いカウントで繰り返し行うものは、脊柱がまだ成長段階の子どもには腰椎への負荷が大きくなりすぎます。

これなら安全!

椅子に足を乗せたシットアップ

目安の対象年齢
9~12歳

1

両足を椅子に乗せて仰向けに。両手は頭の後ろで組みます。

こちらにチェンジ

2

5~20回×1~3セット

肩甲骨が床から離れるまで上体を起こし、ゆっくりと戻ります。体力に応じて5～20回を1～3セット行います。

こんな筋トレを
子どもにやらせたらキケン!

ジャンプトレーニング

その場でジャンプを繰り返すトレーニングは、ジャンプ動作が必要な競技のトレーニングとしてとても重要です。しかし、効果を出すためには繰り返し行う必要があり、大腿四頭筋の柔軟性が低く、骨が成長段階にある子どもが高回数行うとオスグッド病の原因になります。

これなら安全！

背中と壁でバランスボールを挟んでジャンプ

目安の対象年齢
3〜12歳

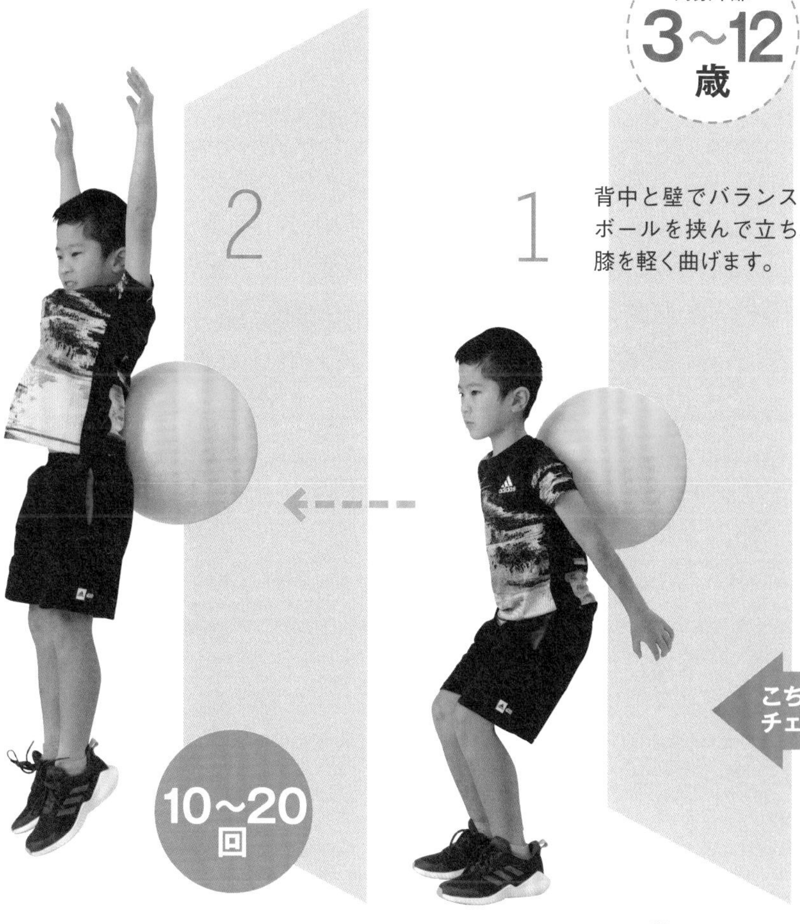

1 背中と壁でバランスボールを挟んで立ち、膝を軽く曲げます。

こちらにチェンジ

バランスボールに体重を預けるようにジャンプします。10〜20回を目安に繰り返します。比較的かかと重心で膝関節に負担をかけずに行えるトレーニングです。両手を上げて行うと脊柱のカーブを作ることができるので、ジャンプのアライメント（各関節や骨の並び）づくりにも役立ちます。

動画でCHECK!

こんな筋トレを
子どもにやらせたらキケン！

ツイスティング ウィズ バー

テニスなどの回旋運動が必要なスポーツの現場でよく行われるトレーニングです。しかし、椎体の硬さが不十分な成長期の子どもが行うと腰椎分離症の要因になります。骨盤を回旋させる動作のほうが安全です。

これなら安全!

レッグサークル

目安の対象年齢
9~12歳

1

両足を前後に開きます。両腕は広げてバランスをとりましょう。

2

後方の足を、膝が外側に向くように持ち上げます。

こちらにチェンジ

3

ハードルをまたぐようなイメージで、膝が前を向くように移動して、1の位置に戻ります。これを10～20回繰り返します。反対側も同様に。

左右各10~20回

動画でCHECK!

保護者からの質問

Q いつも体力測定の結果が悪いのですが、運動能力が低いのでしょうか？

A 体力測定での基準で子どもの運動能力を評価してはいけません

50m走、反復横跳び、握力、長座・立位体前屈など、学校で行われる体力測定は、何秒、何回といった数字が出てくるため、その結果を見て、うちの子は運動能力が低いのではないかと感じる保護者の方は多いかもしれません。しかし、より科学的に行う検査と違ってとても曖昧なもので、「体力測定の結果がいい＝運動能力が高い」という評価は、トレーナーの立場からすると、とてもナンセンスなものです。トップレベルのアスリートでも柔軟性が一般人以下という選手もいますし、反復横跳びが苦手な球技系種目のオリンピアンもいます。体力測定で測れないものはたくさんあるのです。体力測定の結果はあくまで参考と考え、一喜一憂しないようにしましょう。

section 3

子どもがやるといい筋トレ

トレーニング

Step 1
腹泣き・胸泣き

① 腹泣き

5分

1

仰向けに寝ます。両膝は立て、両腕は伸ばしてリラックス。お腹を膨らませながら、ゆっくりと口から息を吸います。

2

お腹が十分に膨らんだら、今度はお腹を凹ませながらゆっくりと口から息を吐きます。

呼吸に関与する筋力

② 胸泣き

5分

1

仰向けに寝ます。両膝は立て、両腕は伸ばしてリラックス。お腹を凹ませながら、胸を膨らませてゆっくりと口から息を吸います。

2

胸が十分に膨らんでお腹が凹んだら、今度はお腹を膨らませるように口から息を吐きます。

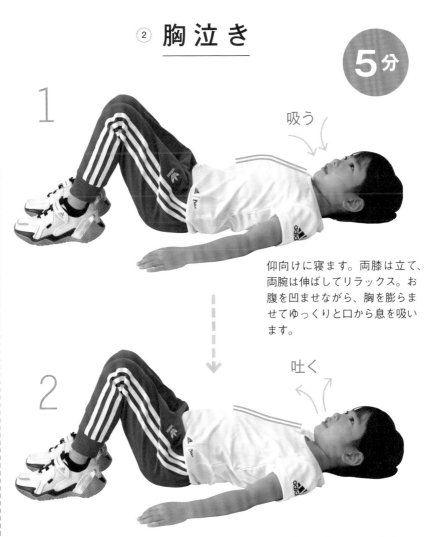

トレーニング

Step 2-1
仰向け1

目安の対象年齢
3~8歳

① 首の横振り

左右1セット
10~20回

1

2

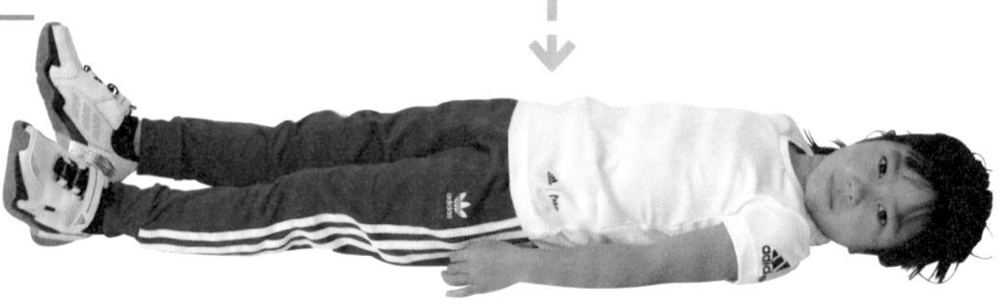

3

仰向けに寝ます。両腕、両脚は伸ばしてリラックス。ゆっくりと首だけを動かして、左を向きます。姿勢はそのまま、今度は首だけを動かして右を向きます。

動画で
CHECK!

首の筋力

② 首の縦振り（うなずき）

10～20回

1

仰向けに寝ます。両腕、両脚は伸ばしてリラックス。

2

姿勢は保ったまま、首だけを動かして頭を起こします。ゆっくりと元に戻ります。

動画でCHECK!

筋力トレーニング

Step 2-2
仰向け2

① 手タッチ

5分

1

子どもは仰向けに寝て、大人は子どもをまたいで立ち、互いに腕を伸ばします。

2

3

大人が左手を出したら、子どもも左手でタッチ。次に大人が右手を出したら、子どもも右手でタッチします。肩甲骨をしっかりと床から離すことが大切です。リズミカルに行いましょう。

動画で
CHECK!

肩関節と股関節の

② 膝タッチ

5分

1

子どもは仰向けに寝て、両手を床に。膝を曲げ、両足を床から離します。大人は子どもの足元に立ち、両手を子どもに近づけます。

2

3

大人が左手を出したら、子どもは左膝でタッチ。次に大人が右手を出したら、子どもは右膝でタッチします。リズミカルに行いましょう。

動画で
CHECK!

筋力トレーニング

Step 2-3
仰向け3

目安の対象年齢
3~8歳

① 足タッチ

左右1セット
10~20回

1

子どもは仰向けに寝て、両足をあげます。両手はしっかりと床に。大人は子どもの頭側に立って、両手を子どもの足に近づけます。

2

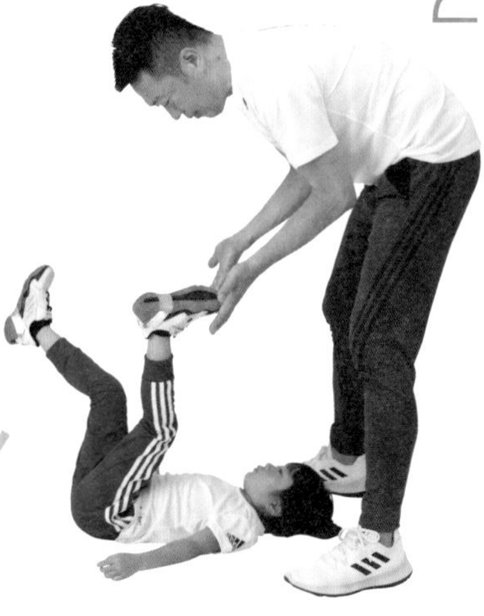

3

大人が左手を出したら、子どもは左足でタッチ。次に大人が右手を出したら、子どもは右足でタッチします。足を下げすぎると腰に負担がかかるので注意しましょう。左右タッチしたら1回とカウントします。

動画で
CHECK!

股関節と四肢の

② 背泳ぎ

左右1セット
10~20回

1

仰向けに寝て、両膝を立てます。同タイミングで右手を頭の先に、左足を床から離して膝を上体に近づけます。

2

両手の位置、両足の位置を同時に入れ替えます。背泳ぎをするようなイメージでリズミカルに繰り返します。左右やったら1回とカウントします。

動画で
CHECK!

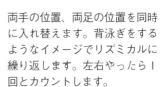

トレーニング

Step 3-1
寝返り1

寝ころがり - 1

左右1セット
5~10回

1

仰向けに寝ます。両膝を立てて、両腕は伸ばして床に。

2

まずは首だけを動かして、顔を左に向けます。

動画で
CHECK!

首と股関節の筋力

3

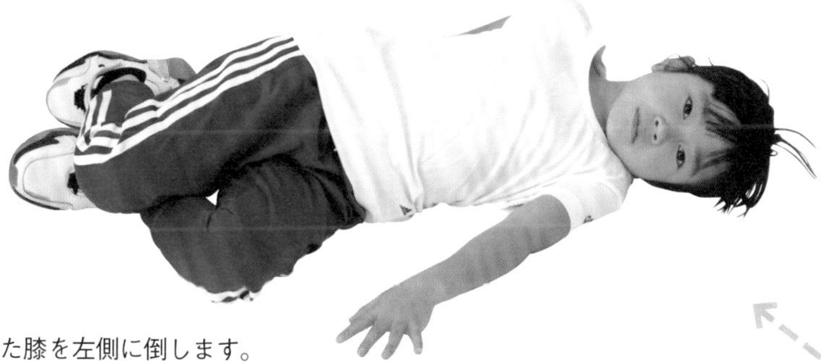

立てていた膝を左側に倒します。

4

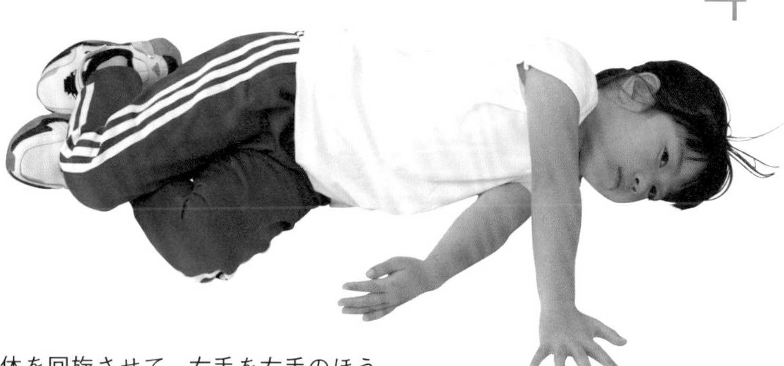

体を回旋させて、右手を左手のほうに。今度は、右腕、両膝、首の順で１の姿勢に戻り、反対側も同様に行います。左右やって１回とカウントします。

Step 3-2

寝返り2

1

仰向けに寝ます。両膝を立てて、両腕は伸ばして床に。

2

まずは首だけを動かして、顔を左に向けます。

3

立てていた膝を左側に倒します。

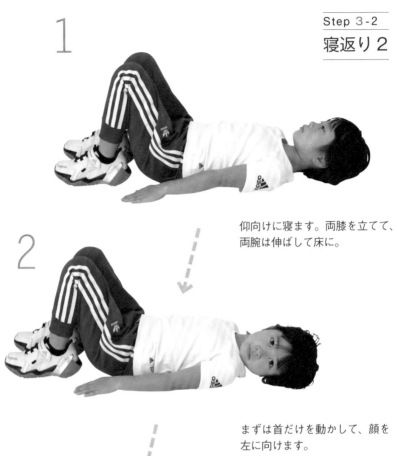

寝返り動作による全身のトレーニング

寝ころがり-2

左右1セット
5~
10回

動画で
CHECK!

4

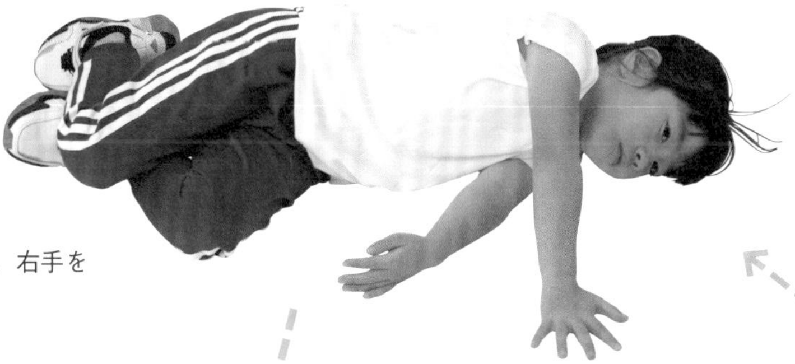

体を回旋させて、右手を左手のほうに。

5

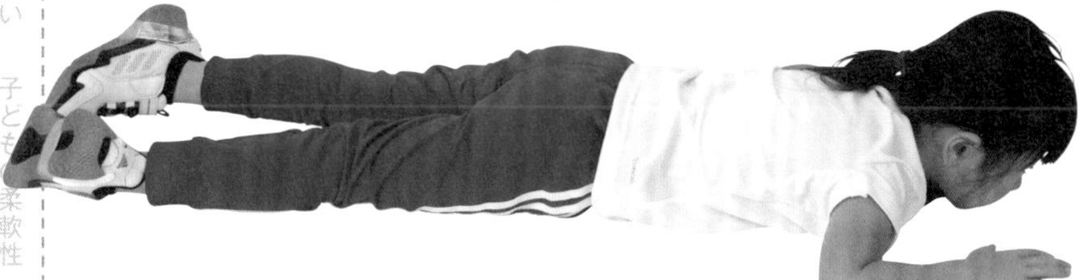

うつ伏せになるところまで回転をさせます。そこから逆再生のイメージで、1の姿勢に戻り、反対側も同様に行います。左右やって1回とカウントします。

トレーニング

Step 4-1
うつ伏せ1

① 上体起こし

10~20回

1

うつ伏せに寝ます。両手を顔の横において床に。顎も床につけます。

2

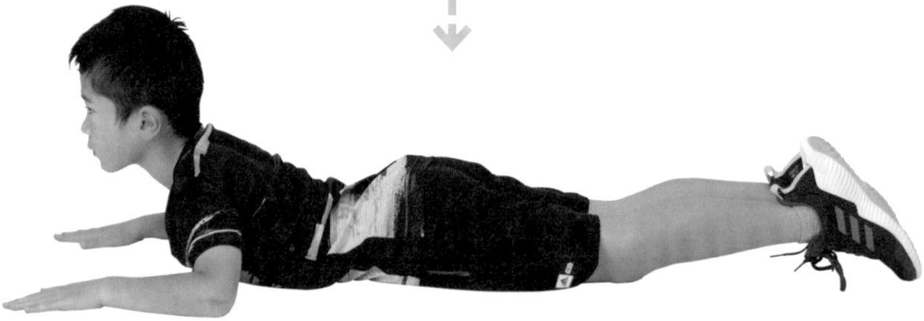

体の背面の筋肉を使って上体を起こして、ゆっくりと1の姿勢に戻ります。

背中と肩周辺の筋力

② 肘を使って前進

左右1セット
10～20回

1

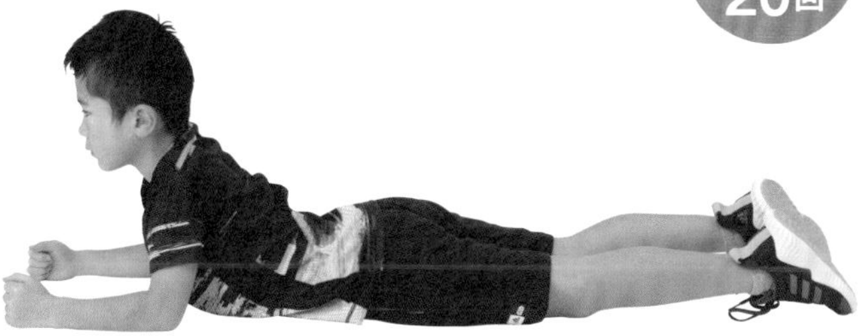

うつ伏せに寝ます。前腕を床につけて上体を起こします。

2

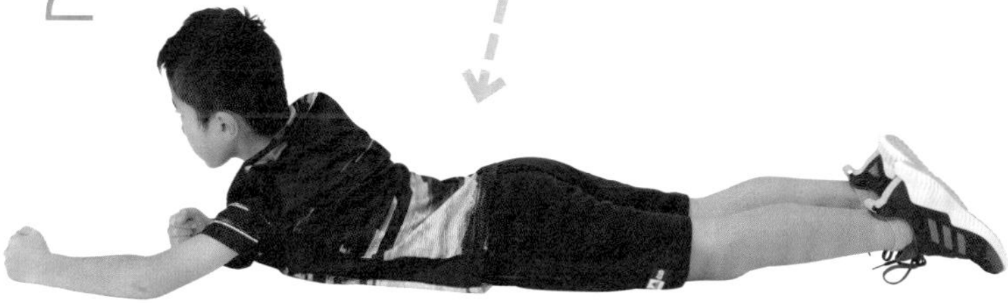

左腕を前に出して、床に。

3

前に出した左手に体を引き寄せながら、右腕を前に出して、床に。今度は右手に体を引き寄せます。これを繰り返して前進していきます。

動画で
CHECK!

Step 4-2

うつ伏せ 2

1

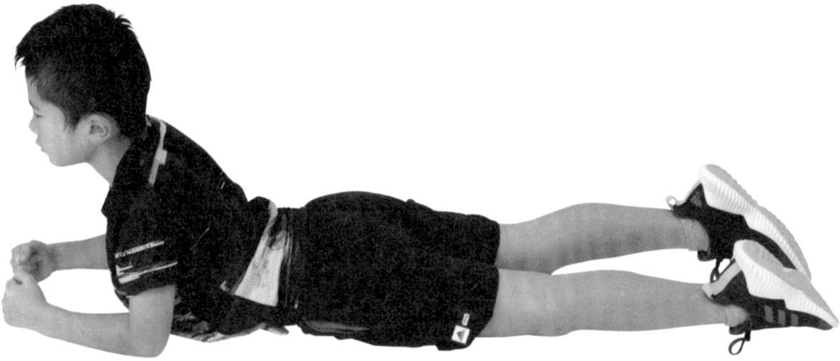

うつ伏せに寝ます。前腕を床につけて上体を起こします。

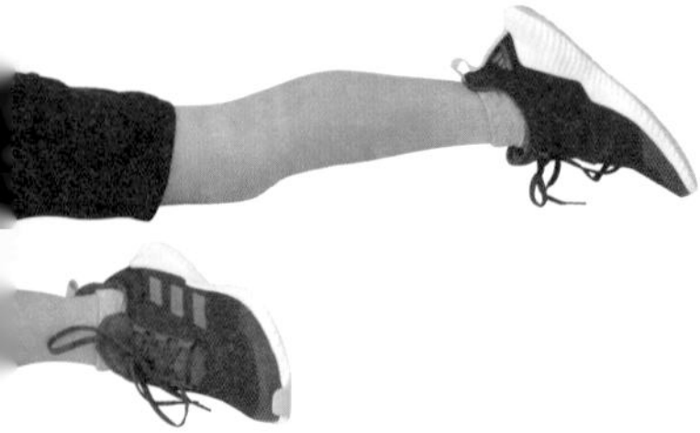

右腕を前に出しながら、左膝を曲げて左足を前に。

動画で
CHECK!

四肢と体幹の筋力トレーニング

肘・脚・体幹を使って前進

左右1セット
5～
10回

2

今度は左腕を前に出しながら、右膝を曲げて右足を前に。これを繰り返し、体幹の捻りも使いながら前進していく。

3

筋力トレーニング

Step 5-1
四つ這い1

① 片手ボールキャッチ

左右各30秒以上

1

子どもは両手と両膝を床について四つ這いの姿勢に。大人はボール(テニスボールなど)を持って、子どもの前にしゃがみます。

2

大人が左手で投げたボールを子どもも左手でキャッチ。このとき、右手と両膝は床につけたまま。

3

今度は子どもが左手でボールを投げて、大人が左手でキャッチ。ある程度動作に慣れてから、30秒ほど続けます。反対側も同様に。

動画で
CHECK!

肩関節と股関節の

② タオル引っ張り

左右各30秒以上

1

大人と子どもがともに両手、両膝を床についた姿勢で向かい合います。タオルの端と端を子どもが左手、大人が右手でつかみます。子どもがタオルを引いて自分のほうに引き寄せます。

2

今度は大人がタオルを引っ張り、自分のほうに引き寄せます。大人が抵抗を上手く調整しながら、両膝は床につけたまま引っ張り合いをします。反対側も同様に。

動画でCHECK!

筋力トレーニング

Step 5-2
四つ這い2

① ハイハイ（前進＆後退）

合計
5m

1

両手、両膝を床について四つ這いの姿勢に。

2

右手と左膝を前に。

3

次に、左手と右膝を前に出して前進。5mを目安に可能なだけ前に進んだら、そのままの姿勢で足の方向に後退し、元の位置まで戻ります。

動画で
CHECK!

肩関節・股関節・体幹の

② バランスをとる

左右各10~30秒

1

両手、両膝を床について四つ這いの姿勢に。右膝の下にクッションなどを敷きます（膝が痛くならないように）。

2

左手と左膝を床から離して、バランスをとりながら、そのままのポーズで止まります。反対側も同様に。

応用編

バランスをとった姿勢で、ジャンケン。5回勝つまで、などとルールを決めて、遊びながらやるのもおすすめです。

筋力トレーニング

Step 6-1

膝立ち1

目安の対象年齢 3〜8歳

1

① ボールキャッチ

10〜20回

子どもは四つ這いになり、両膝の下にクッションを敷きます（膝が痛くならないように）。大人はボール（サッカーボールなど）を持って、子どもの正面に立ちます。

2

大人がボールを投げ、子どもは膝立ちになって頭上でボールをキャッチします。投げるボールの高さを、大人がうまくコントロールしましょう。

動画でCHECK!

股関節と背部の

合計
5m

② 膝歩き

1

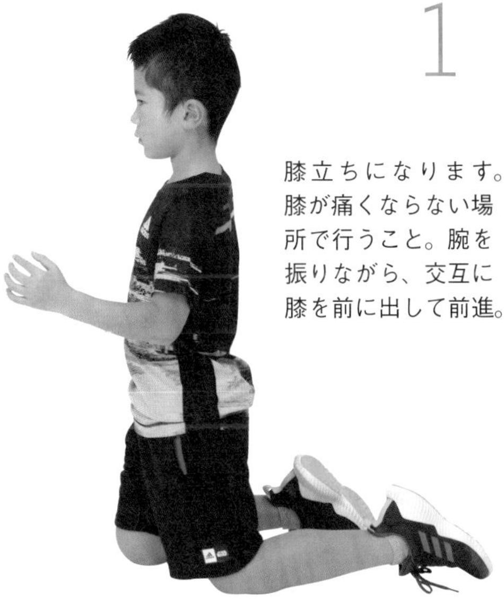

膝立ちになります。膝が痛くならない場所で行うこと。腕を振りながら、交互に膝を前に出して前進。

2

5mを目安に可能なところまで前に進んだら、体の向きを変えずに後退し、元の位置まで戻ります。

動画で
CHECK!

筋力トレーニング

Step 6-2
膝立ち2

① 片膝立ち

左右各10〜30秒

1

膝立ちになって、右膝の下にクッションを敷きます（膝が痛くならないように）。

2

左膝を床から離して、両腕を広げてバランスをとりながら、そのままのポーズで10〜30秒静止します。反対側も同様に。

股関節と背部の

② 膝タッチ

左右1セット
10～
20回

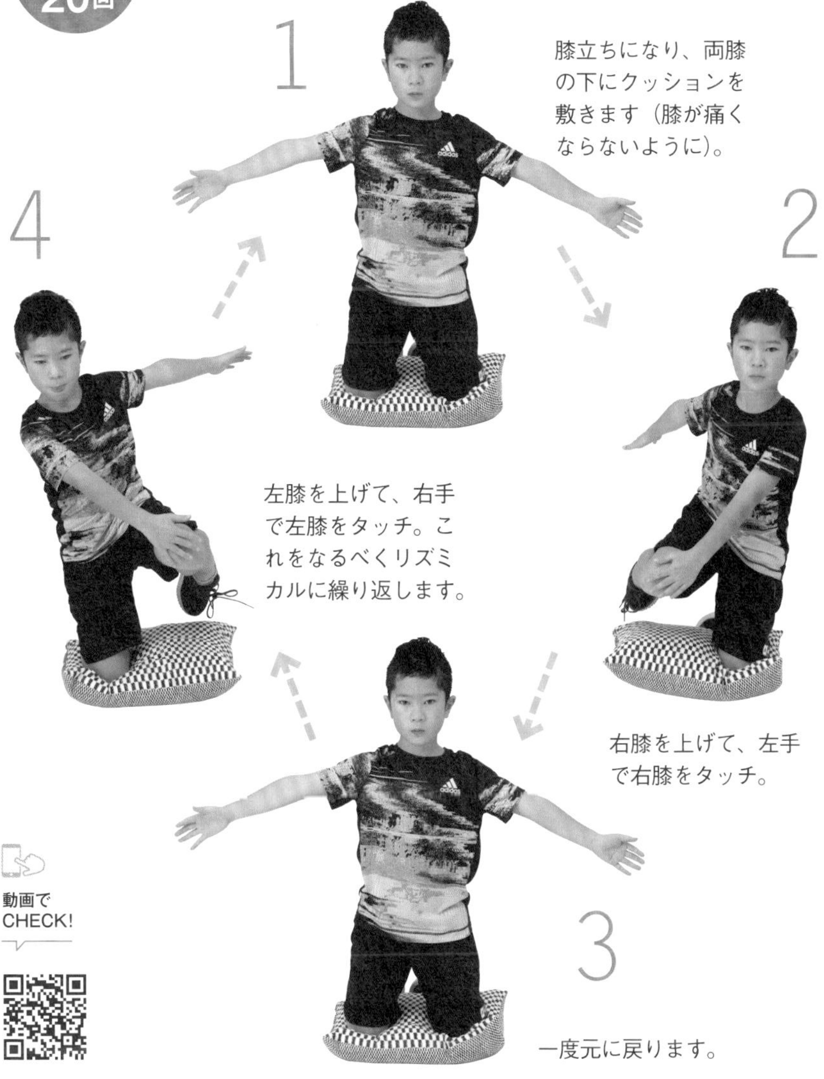

1
膝立ちになり、両膝の下にクッションを敷きます（膝が痛くならないように）。

2
右膝を上げて、左手で右膝をタッチ。

3
一度元に戻ります。

4
左膝を上げて、右手で左膝をタッチ。これをなるべくリズミカルに繰り返します。

動画で
CHECK!

トレーニング

Step 7
トライ立ち上がり

片膝立ちからの立ち上がり

左右各
5~
10回

1

膝立ちの姿勢から、左足を前に出します。膝の角度が 90 度くらいになるのが目安。膝がつま先より前に出ないように注意。

臀部と大腿の筋力

2

両足を前後に広げたままゆっくりと立ち上がります。反対側も同様に。

筋力トレーニング

Step 8
立位

① 片膝立ちから直立

左右各
5〜
10回

動画で
CHECK!

1

膝立ちの姿勢から、
左足を前に出します。

2

左足に体重を乗せながら、一気に体を持ち上げます。

3

両足を揃えて直立するところまで、1つの動作で行います。反動を使ってもかまいません。反対側も同様に。

応用編

スムーズにできるようになったら、小さなバランスボールを頭上に持ち上げてチャレンジ！

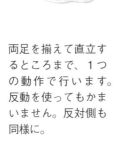

臀部と大腿の

② 片足立ちキャッチボール

左右各
30秒
~2分

1

子どもは片足立ちで待機。大人はボール（テニスボールなど）を持って子どもの正面に立ちます。

2

大人が左手でボールを投げ、子ども左手で片足立ちのままキャッチ。今度は子どもが左手でボールを投げて、大人が左手でキャッチ。反対側も同様に行いましょう。

動画で
CHECK!

← 次の68頁から9~12歳向けの筋トレです

養うトレーニング

目安の対象年齢 9〜12歳

① 足ジャンケン

30秒〜3分

動画でCHECK!

1

チョキ

2

パー

向き合って立ちます。ジャンプをしながら、足を使ったジャンケンをします。両足を閉じて揃えたらグー、左右に開いたらパー、前後に開いたらチョキです。

ジャンケンをするときに、必ずジャンプをします。ゲーム感覚で楽しんで行いましょう。

ジャンプする力を

② ケン・ケン・パ

左右各
10~
20回

1

前方にジャンプして
片足で着地が“ケン”。

2

同じ足で前方にジャン
プして、片足で着地す
るのが２回目の“ケン”。

3

片足で前方にジャンプして両足で着地するのが“パ”。床に丸印をつけて行ってもかまいません。ケンケンが同じ足ばかりにならないよう、左右交互に行いましょう。

動画で
CHECK!

養うトレーニング

③ 縄跳び

3~5分

1

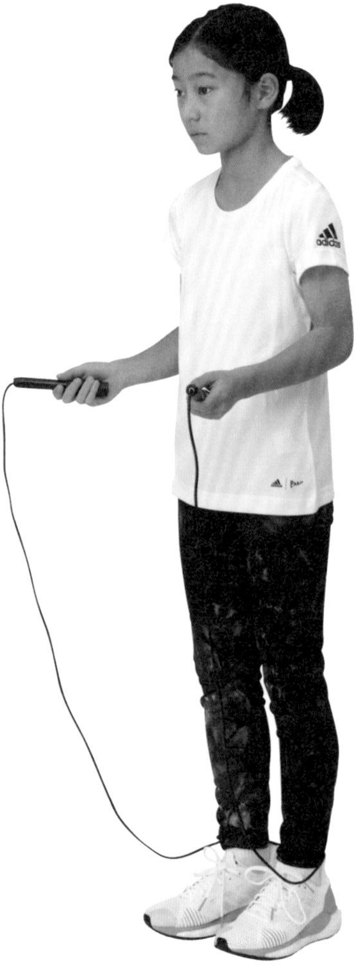

身長にあったサイズの縄跳びを用意します。縄跳びはジャンプ動作だけでなく、走る動作習得にも適しています。

ジャンプする力を

2

まずは一般的な前回し跳び（平跳び）から。できるようになったら二重跳びや、腕を前で交差させる交差跳び、前回し跳びと交差跳びを繰り返す綾跳びなどにチャレンジしていきましょう。

養うトレーニング

① ニーアップ

左右各10〜20回

後ろにある足の膝を高く持ち上げて、股関節周囲にある腸腰筋と大臀筋をリズミカルに動かしましょう。足を蹴り上げるトレーニングであると同時に、片足立ちで体を支持するトレーニングにもなります。反対側も同様に行いましょう。

足を前後に大きく開いて立ちます。背すじは伸ばし、視線は前方へ。

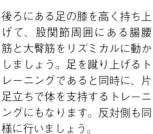

蹴り上げる力を

② レッグリフト＆ボールキック

10～20回

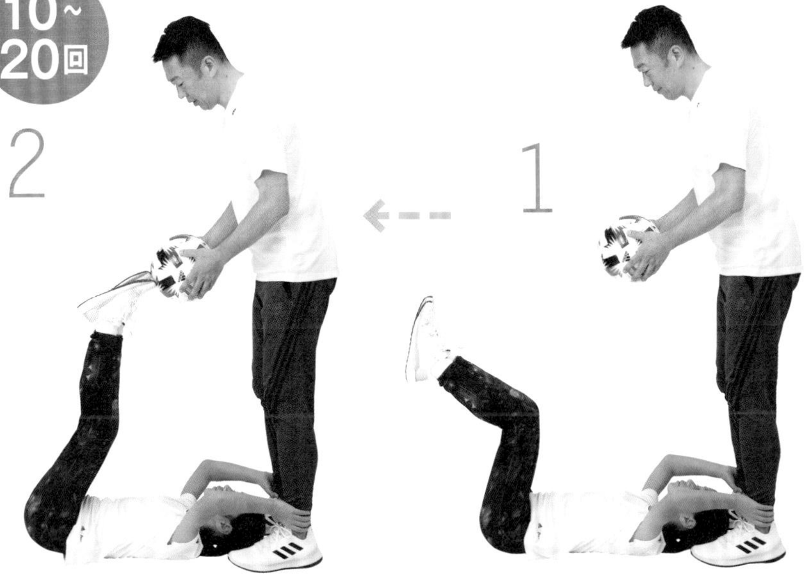

子どもは仰向けに寝ます。大人は子どもの頭のあたりに立ち、ボール（サッカーボールなど）を持ちます。子どもは大人の足を両手でつかみ、両足を上げます。

両足を高く上げてボールにタッチし、元の姿勢に戻ります。このとき足を下に下げすぎると、その重さで腰椎に負担がかかってしまうので注意してください。

応用編

右足、左足と交互にボールにタッチします。こちらのほうが、腰への負担が少ない動きになります。

動画でCHECK!

養うトレーニング

① ハードルまたぎ綱渡り

5m

1
綱渡りをイメージしたトレーニングです。床に目印になる線があるとやりやすいでしょう。

2
ハードルをまたぐようなイメージで、足を一度横に開きます。

3
股関節を回して足を前方に。

4
前方に着地したら、今度は反対側の足で同じ動作を行います。これを繰り返して5mを目安に前進します。

体を安定させる力を

30秒~3分

② すべり台

仰向けに寝て、かかとをバランスボールの頂点に乗せます。両手は床に。お尻、腰を持ち上げます。すべり台を作るイメージで、かかとから肩までが一直線になるようなポーズで止まります。腰が下がらないように、また腰を上げすぎて反ってしまわないように注意しましょう。

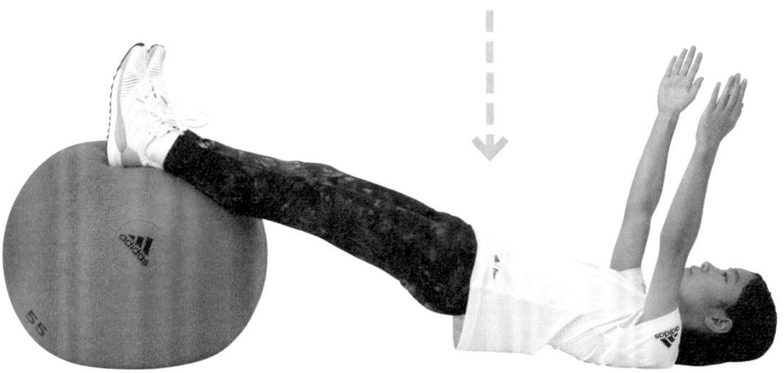

うまくできたら、床から手を離して、「前へならえ」のポーズで止まってください。

応用編

バランスボールがなければ、椅子やソファなどで代用が可能です。

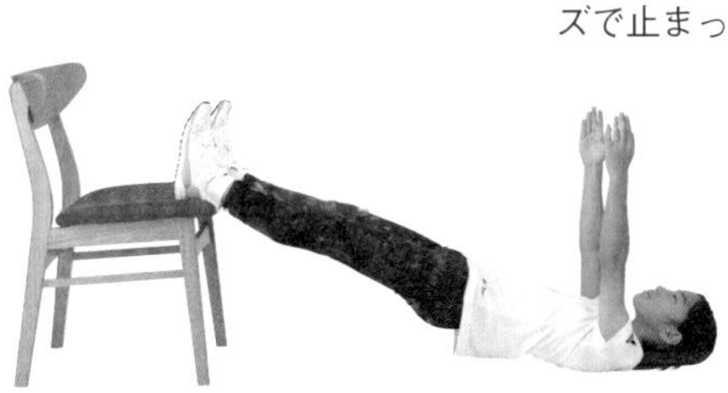

養うトレーニング

③ テーブル台（うつ伏せ）

10~30秒

うつ伏せになり、両足をバランスボールの上に乗せます。両手は床について腕を伸ばします。テーブルになるイメージで、頭からつま先までがなるべく一直線になるポーズで止まります。腰が下がらないように注意しましょう。

応用編

バランスボールがない場合は、椅子やソファなどで代用ができます。

体を安定させる力を

④ テーブル台（仰向け）

15秒~1分

1

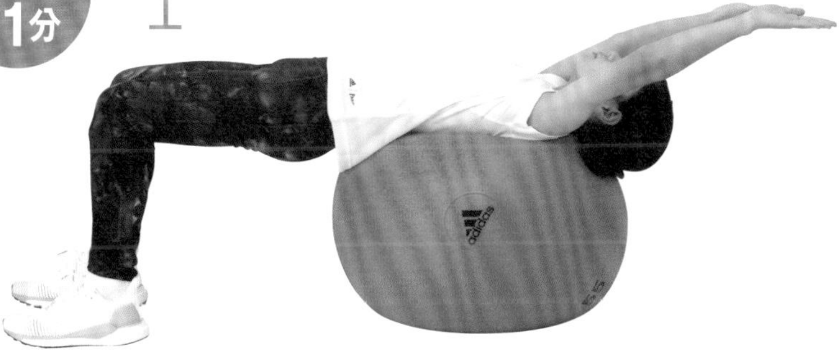

バランスボールの上に上体を乗せて仰向けになります。両腕は伸ばして、手を頭の先に。バランスをキープしながら止まります。転倒の恐れがあるので、周囲に家具などがない安全な場所で行ってください。

2

うまくできるようになったら、難易度をアップ。片足を上げて行います。左右両方でやってみましょう。転倒には十分に注意してください。

養うトレーニング

⑤ 飛行機

1分

目安の対象年齢
9~12歳

動画で
CHECK!

1

バランスボールに胸を乗せて、両足は床に。両腕を広げてバランスをとります。

2

飛行機が旋回しているようなイメージで、体をゆっくりと左側に捻ります。

3

1に戻り、今度はゆっくりと右側に捻ります。これをリズミカルに繰り返します。

体を安定させる力を

子どもが10回勝つまで

⑥ カラダジャンケン

パー

バランスボールの上に乗って、体全体を使って行うジャンケンです。ゲーム感覚で行いましょう。両腕、両足を大きく広げるのがパーです。

チョキ

チョキは片手を上、反対側の手を下に。足は前後に開きます。

グー

体を小さく縮こまらせるのがグーです。

養うトレーニング

⑦ 膝はさみバランス

15秒〜3分

両膝でバランスボールを挟み、内腿の筋肉を使ってキープ。両腕は広げてバランスをとります。転倒の恐れがあるので、周囲に家具などがない安全な場所で行いましょう。

体を安定させる力を

⑧ 4点バランス

15秒~3分

バランスボールの上に両手と両膝を乗せ、4点を使ってバランスをキープします。とても難易度が高いトレーニングですが、神経系の発達が盛んな9～12歳の時期であれば、習得できるはずです。転倒の恐れがあるので、周囲に家具などがない安全な場所で行いましょう。

認識力を養うトレーニング

① 補助付きローラーマン

前後1セットで
5〜10回

1

子どもはバランスボールの上にお腹を乗せ、両腕を前方に伸ばします。大人は子どもの両足を持ちます。

2

大人がうまくコントロールして、バランスボールが前後に転がるように子どもの体を誘導します。遊び感覚で行いましょう。

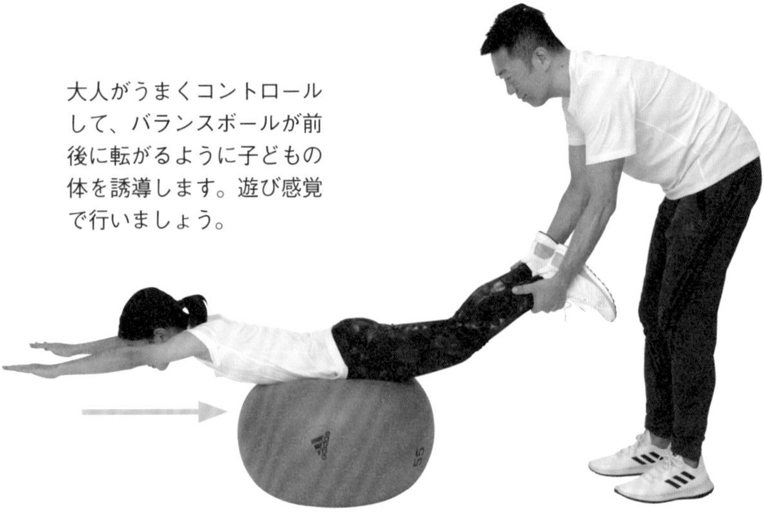

動画で
CHECK!

体を安定させる力・空間

② 補助付きジャンピングスーパーマン

3～5回

動画で
CHECK!

1

子どもは立って、バランスボールの上に両手を乗せます。大人はすぐに補助ができるように待機します。

2

飛び込むようなイメージで、バランスボールの上に体を乗せて前方へ。

3

子どもがボールから落ちないように、途中から大人が子どもの体を支えます。

認識力を養うトレーニング

① ジャングルジム

5分〜

ジャングルジムを上り下りする遊びは、体を安定させることや体の位置を感知する固有受容器（筋肉や関節にあるセンサーのようなもの）のトレーニングになります。腕や脚を含めた全身の筋肉を鍛えることもできます。

体を安定させる力・空間

② ブランコやシーソー

5分~

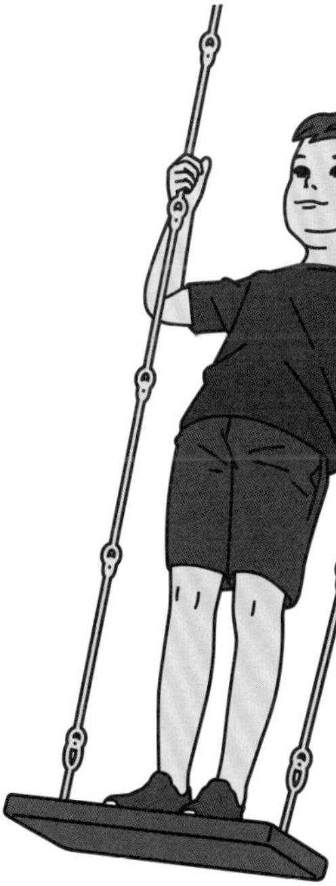

ブランコやシーソーを使った遊びも、ジャングルジムと同じく体を安定させることや体の位置を感知する固有受容器のトレーニングになります。学校や公園などの遊具で遊ぶことは、良いトレーニングになるということです。

保護者からの質問

Q 子どもの運動へのモチベーションを継続させるにはどうしたらいいでしょうか？

A 達成感を感じさせてあげること、褒めてあげることが大切です

子どものやる気を引き出すのに大切なキーワードが、「セルフエフェカシー（自己効力感）」。つまり、自分にはうまくできるだろうという見込み感のことです。セルフエフェカシーが高まればモチベーションがアップしますし、低下すればやる気がなくなります。セルフエフェカシーを高めるには、成功体験を重ねること、自分に近い人の成功を見ること、権威ある人（保護者や指導者など）から認められること、自分で成長や改善に気づくことがポイントになります。成功体験を重ねるために、子どもの能力に応じた目標を設定する、子どもが気がつきにくい変化や成長に気づかせてあげる、手本を見せる、的確に褒めて安心感と自信を与えるなど、保護者の方ができることはたくさんあります。

section 4

子どもが やってはいけない ストレッチ

どうして やってはいけない ストレッチが あるのか

前屈や開脚などのいわゆる静的なストレッチは、体の柔軟性の維持・向上に効果があるのはもちろん、運動後に縮まった筋肉を伸長させるためにも行う必要があります。サッカーや野球、テニスなどのスポーツに打ち込んでいるのであれば、練習後にしっかりとやっていただきたいものです。しかし、どんなストレッチでも子どもにやらせてかまわないわけではありません。大人と違い、体が成長段階にあるため、注意するべきことがいくつかあります。

まず、頸椎や各関節及び靭帯に大きな負担がかかるものは避けなくてはなりません。反動を使って負荷をかけるストレッチも、剥離骨折や筋断裂などの原因になるので、やらせるべきではありません。代表的な例をいくつか紹介しますので、子どもにはやらせないようにしましょう。また、P93から、大人と子どもの2人で一緒にできるものを含めたおすすめのストレッチを紹介していますので、そちらにトライしてもらえればと思います。

こんなストレッチを
子どもにやらせたらキケン！

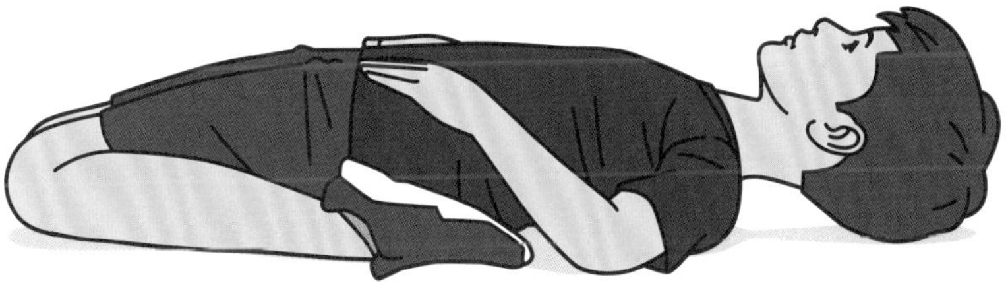

正座から
体を後ろに倒す
大腿四頭筋のストレッチ

太ももの前側にある大腿四頭筋を伸ばすためのストレッチで、新体操などの柔軟性の高さが必要な競技ではよく見られる光景です。しかし、柔軟性が低い子どもが行うとオスグッド病の原因になります。また、膝の靭帯や腰への負担が高くなるので、P111で紹介しているような安全なフォームで行うようにしましょう。

こんなストレッチを
子どもにやらせたらキケン！

ハードラーストレッチ

ハムストリングスのストレッチを行うときにとることが多いフォームですが、股関節や坐骨神経に負担をかけるので、成長期の子どもにはあまり適していません。新体操などのように過剰な柔軟性が必要な場合は行う意味がありますが、しっかりと体を温めた後、無理のない範囲で徐々に広げていくことが大切です。

こんなストレッチを子どもにやらせたらキケン！

鋤のポーズ

鋤《すき》のポーズは、逆さまになることで、内臓の位置を正常に戻したり、骨盤を引き上げたりする効果が期待できると言われていますが、首への負担が非常に大きいポーズです。成長段階の子どもには不向きな場合があります。

こんなストレッチを
子どもにやらせたらキケン！

左右開脚で反動を使って背中を繰り返し押すストレッチ

相撲などの格闘技では、体重のある人が倒されたときに、不意に股関節を過剰に広げられることがあります。そのときに柔軟性がないと大きなケガにつながるため、このようなストレッチが行われています。しかし、股関節の過剰な柔軟性はすべてのスポーツで必要というわけではありません。手加減がわからずに反動を使うことで、剥離骨折や筋肉や腱などの断裂を起こす可能性もあります。

こんなストレッチを
子どもにやらせたらキケン！

頭を過剰に後屈させるストレッチ

首周りのストレッチを行うときに、首の前の部分を伸ばすイラストのようなポーズをすることがあります。絶対にNGというわけではありませんが、頸椎を無理に伸展させると、逆に首周りが緊張しやすくなる場合があったり、頸椎が詰まる感覚を覚えたりする人もいます。頭を無理に後ろに倒させるのは控えましょう。

保 護 者 か ら の 質 問

Q 小さいころは 体が柔らかかったのですが、 小学校高学年あたりから 硬くなったのはなぜでしょう?

A 成長期を迎えた骨の成長に 筋の成長が追いついていない 可能性が高いです

子どもは成長期が訪れると、骨が急速に成長していきます。スピードがあまりに速いため、その成長に筋肉が追いついていないというのが、お子さんの体が硬くなった理由だと考えられます。柔軟性があるかないかというのは、筋肉が長いか短いかで決まります。継続的にストレッチを行うと、筋肉の長さが長くなると言われています。成長期を迎えたときに、体が硬くなるようであれば、ストレッチをして筋の長さを骨の成長に合わせていく必要があるのです。しかし、体が柔らかすぎるのも問題です。筋肉が長すぎると、関節が不安定になります。そういった子どもは、高校生くらいになってから筋力強化をして、関節の保持力を上げる必要があります。

section 5

子どもがやるといいストレッチ

ストレッチする部位

僧帽筋上部

20～30秒

両足を広げ、両膝を立てて座ります。タオルを両手で持ち、後頭部にかけます。腕の重さを利用し、少しだけ力を加えてゆっくりと首を前に倒します。

2人でストレッチ

20～30秒

子どもは両足を広げ、両膝を立てて座ります。両手は床に。大人は子どもの後頭部に両手を添えて、子どもに聞きながら、イタ気持ちいいところまで、そっと頭を前に倒してあげます。

ストレッチする部位

僧帽筋中部

20～30秒

両足を広げ、両膝を立てて座ります。タオルを柱や椅子の脚（椅子の場合は、人が座って安定させる）などにかけます。背中を少し丸め、体重を背中側に預けるようにしてタオルを引っ張ります。

2人でストレッチ

20～30秒

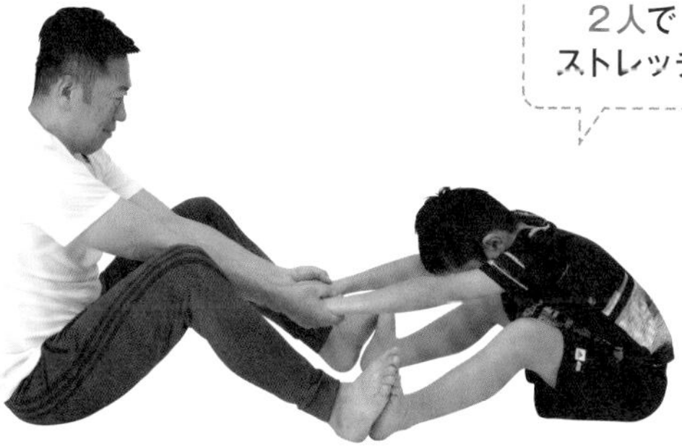

2人で向き合って座ります。両手をつなぎ、両足の裏を合わせましょう。膝は曲げておきます。大人がゆっくりと子どもの手を引きます。

ストレッチする部位

僧帽筋下部

左右各
20〜
30秒

壁の前にあぐらで座ります。片手を斜め前に伸ばして壁に。反対側の手は床について バランスをとります。反対側も同様に。

2人で
ストレッチ

左右各
20〜
30秒

子どもはあぐらで座ります。大人は子どもの正面に立ち、片方の腕をつかんで、子どもに聞きながら斜め上方向にイタ気持ちいいところまでゆっくりと引っ張ります。反対側も同様に。

ストレッチする部位

広背筋

左右各20~30秒

あぐらで座ります。タオルの両端を持ち、両腕を伸ばして頭上に。体を少し右に傾けて、背中を伸ばします。反対側も同様に行います。

2人でストレッチ

20~30秒

子どもはあぐらで座り、両腕を伸ばしてバンザイをします。大人は子どもの後ろに立ち、両腕をつかんで、子どもに聞きながらイタ気持ちいいところまで少し持ち上げます。

ストレッチする部位

三角筋

左右各
20～
30秒

あぐらで座り、左手を右肩の後ろに。右手で左腕の肘を押して、左腕の三角筋を伸ばします。肩が上がらないように注意。反対側も同様に行います。

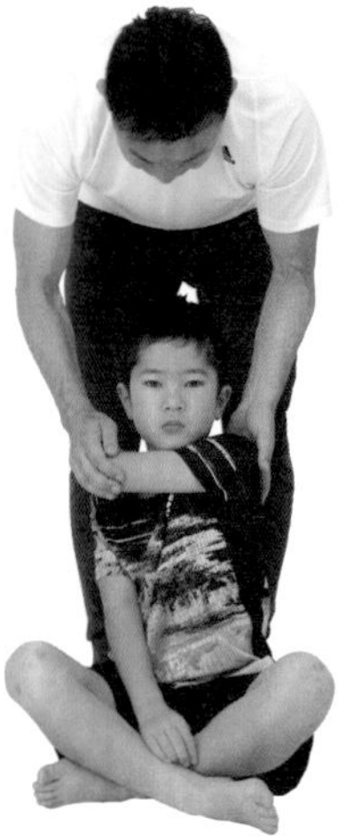

2人で
ストレッチ

左右各
20～
30秒

子どもはあぐらで座り、大人は子どもの背中側に立ちます。子どもは左手を右肩の後ろに。大人は子どもの左肘を引き寄せます。反対側も同様に行います。

ストレッチする部位

大胸筋

20~30秒

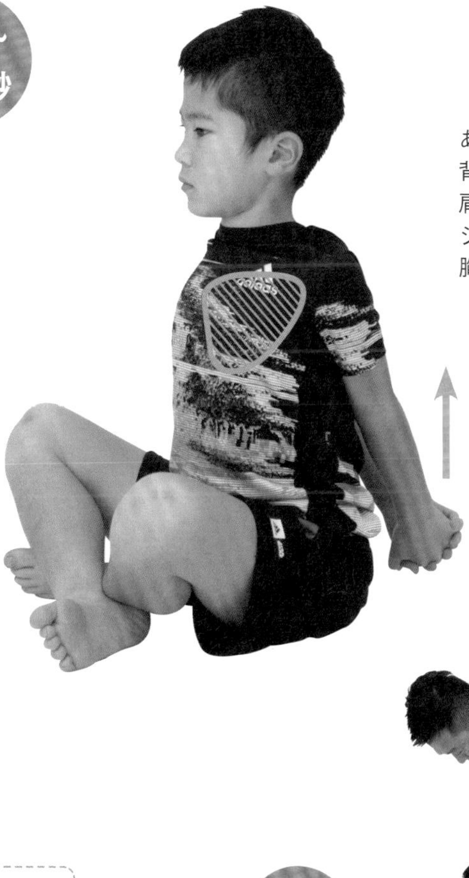

あぐらで座り、両手を背中の後ろで組みます。肩甲骨を寄せるイメージで、少し腕を上げ、胸の筋肉を伸ばします。

2人でストレッチ

20~30秒

子どもはあぐらで座り、両手を背中の後ろで組みます。大人は子どもの後ろに立ち、子どもの背中に片方の足をあてます。手と足を使って子どもの胸を張らせてあげましょう。

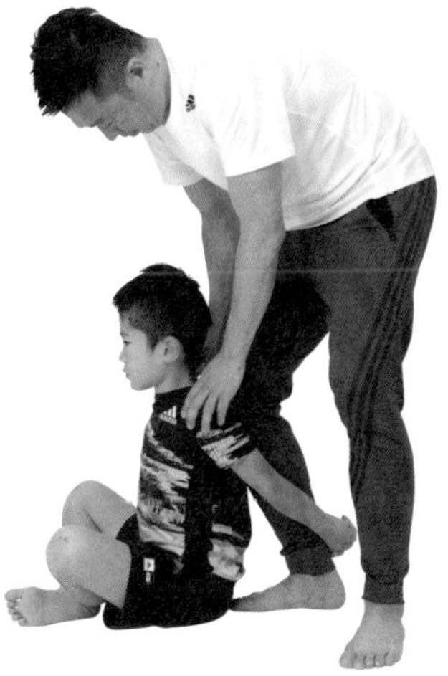

ストレッチする部位

上腕二頭筋

20~
30秒

四つ這いの体勢をとります。指先を膝に向けて、両手のひらを床につけます。軽く体重を手に乗せて腕の筋肉をストレッチします。

左右各
20~
30秒

2人で
ストレッチ

子どもはあぐらで座り、片腕を伸ばします。大人は伸ばしたほうの子どもの肘をしっかりと固定し、手の甲を子ども側に向けて手首を曲げてあげます。反対側も同様に行います。

ストレッチする部位

上腕三頭筋

左右各20~30秒

あぐらで座ります。左肘を真上に上げ、右手で左肘をつかんで、右側に引き寄せます。反対側も同様に行います。

2人でストレッチ

左右各20~30秒

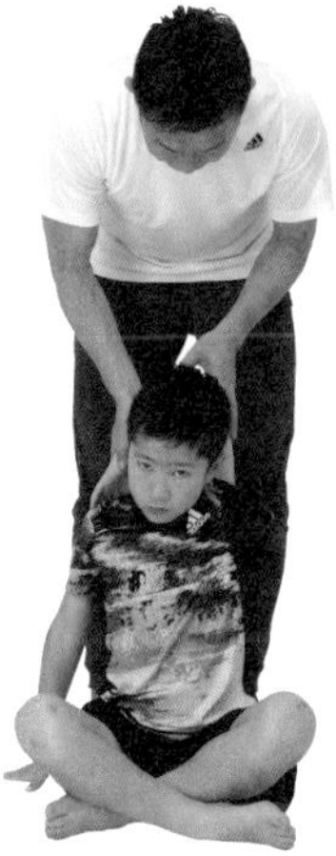

子どもはあぐらで座り、左肘を真上に上げます。大人は子どもの後ろに立ち、子どもの左手首と左肘をつかみます。そこから左肘を軽く右斜め下方向に押し下げます。反対側も同様に。

ストレッチする部位

前腕部

20~30秒

四つ這いの体勢をとります。指先を膝に向けて、両手の甲を床につき、軽く体重を乗せて、前腕の筋肉を伸ばします。

2人でストレッチ

左右各20~30秒

子どもは正座で座り、片腕を伸ばします。大人は伸ばしたほうの子どもの肘をしっかりと固定し、手のひらを子ども側に向けて手首を曲げてあげます。反対側も同様に行います。

応用編

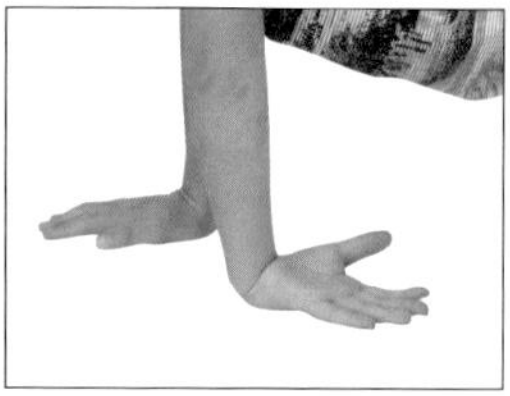

両腕を同時に伸ばすのが難しければ、片腕ずつでもかまいません。

ストレッチする部位

腹直筋

20~30秒

うつ伏せに寝て、両膝を曲げます。前腕を床につけて上体をゆっくりと起こし、お腹の筋肉を伸ばします。

20~30秒

応用編

バランスボールの上で仰向けになります。両足は床につけ、両腕は頭の先に向かって伸ばします。転倒には十分に注意してください。

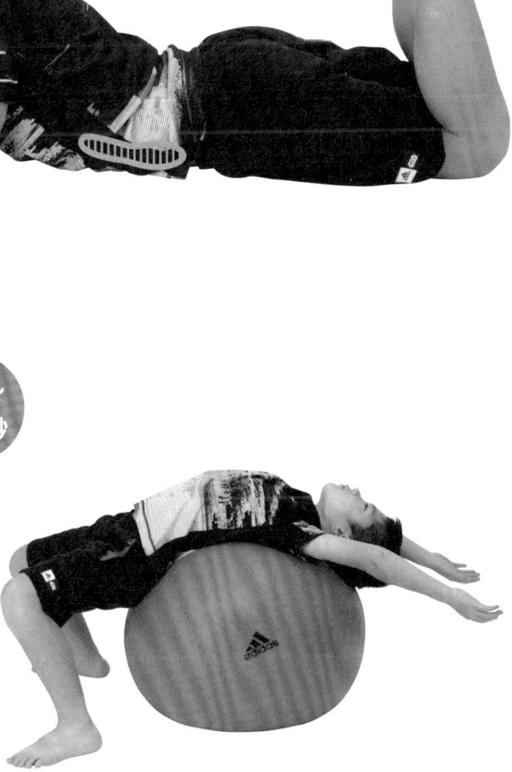

ストレッチする部位

腹斜筋

左右各20~30秒

あぐらで座ります。左手を後頭部にあて、右手側にゆっくりと側屈します。右手は床についてバランスをとります。反対側も同様に。

応用編

バランスボールに上体を乗せて横向きに。上側の腕は頭の先に伸ばす。下側の手と、両足を床につきバランスをとる。反対側も同様に。転倒には十分に注意してください。

左右各20~30秒

ストレッチする部位

腰背部

左右各20～30秒

仰向けに寝て、両膝を立てます。両腕は広げて床について脱力。両膝を左側に倒します。肩が床から離れないように注意しましょう。反対側も同様に行います。

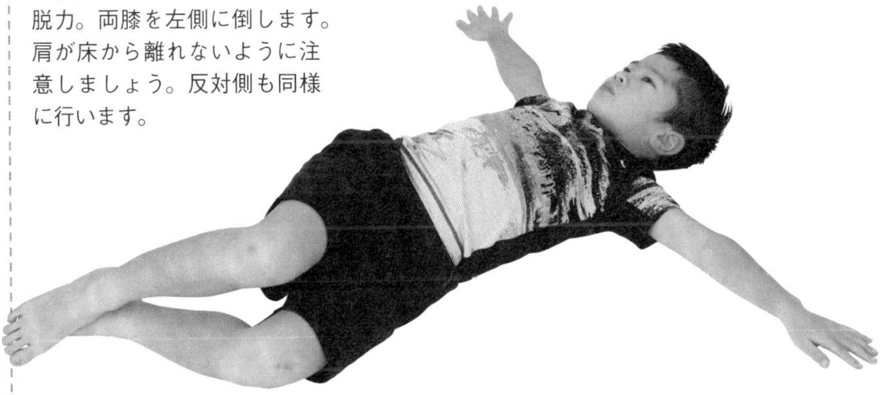

20～30秒

応用編

おへそがボールの中心にくるようにバランスボールの上に乗ります。両手、両足は床についてバランスをとり、腰の力を抜きます。転倒には十分に注意してください。

ストレッチする部位

大臀筋

左右各20~30秒

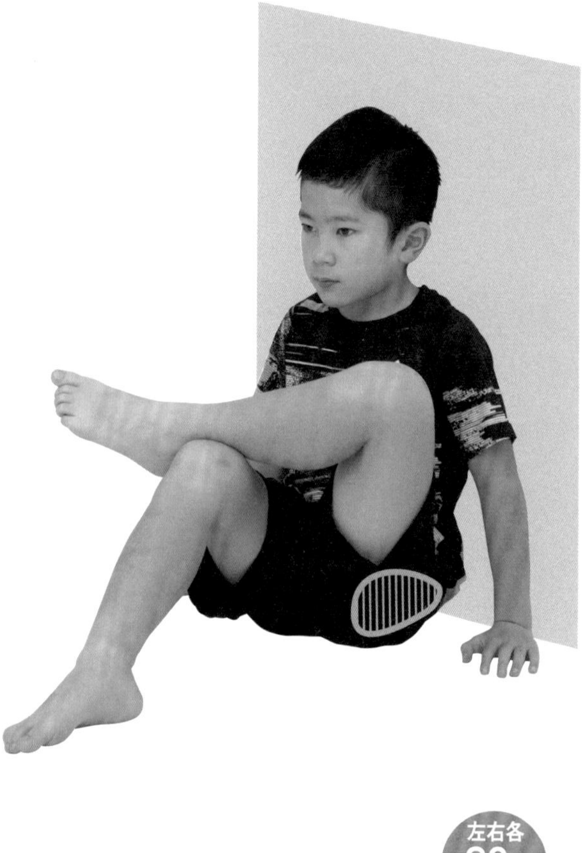

壁に背中をつけて、両膝を立てて座ります。左足を右膝にかけ、右足を引いて左足を胸に近づけます。両手は床に。反対側も同様に行います。

左右各20~30秒

2人でストレッチ

子どもはあぐらをかいて座ります。両手は床に。大人は子どもの後ろに立ち、左膝と左足をつかんで、引き寄せます。反対側も同様に。

ストレッチする部位

中臀筋

左右各20~30秒

仰向けに寝ます。両腕は広げて伸ばして床に。両膝を立て、右足を軽く左膝にかけます。両膝を右側に倒します。写真では左側の中臀筋が伸びています。肩が床から離れないように注意。反対側も同様に。

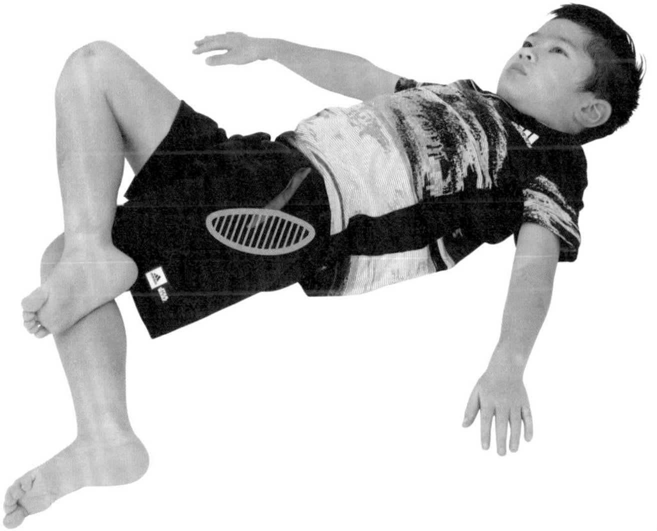

左右各20~30秒

2人でストレッチ

子どもは仰向けに寝て、左膝を立てます。大人は子どもの骨盤の左側をおさえ、子どもに聞きながら左膝の外側をイタ気持ちいいところまで押して床に近づけます。反対側も同様に。

ストレッチする部位

内転筋

20〜30秒

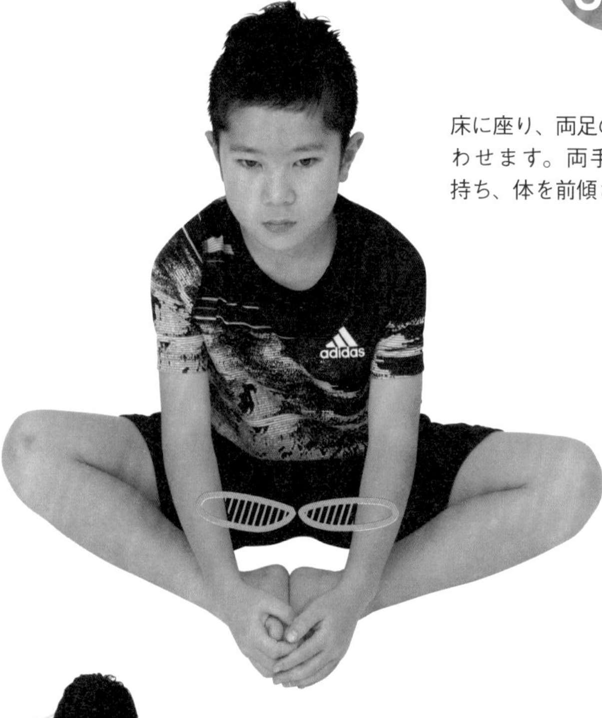

床に座り、両足の裏を合わせます。両手で足を持ち、体を前傾させます。

2人でストレッチ

20〜30秒

子どもは床に座り、両足の裏を合わせます。両手で足を持ち、体を前傾させます。大人は子どもに聞きながら、イタ気持ちいいところまで、後ろから両膝を軽く押します。反動を使ったり、無理に押したりしないように注意してください。

ストレッチする部位

大腿四頭筋＆腸腰筋

左右各
20～
30秒

うつ伏せに寝ます。右手で左足をつかみます。左手は前方に出してバランスをとります。下半身を少し捻って、伸び感を感じてください。反対側も同様に行います。

左右各
20～
30秒

２人で
ストレッチ

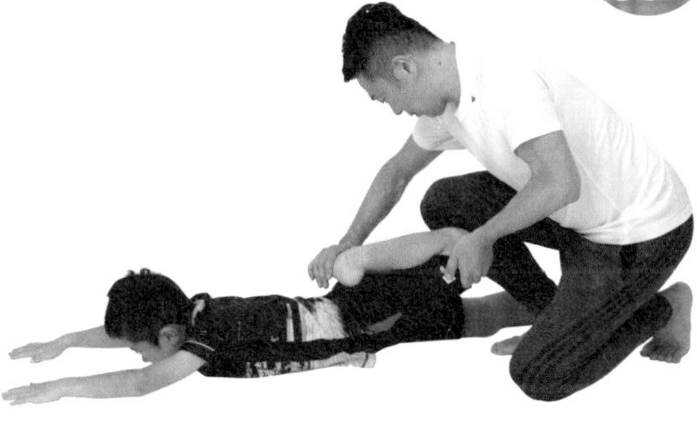

子どもはうつ伏せに寝て両手を前方に。大人は子どもの左膝と左足を持ちます。左膝を持ち上げながら、左足をお尻に近づけましょう。反対側も同様に行います。

ストレッチする部位

ハムストリングス

左右各
20～
30秒

仰向けに寝て、両膝を立てます。両手でタオルを持ち、左足の裏にかけます。タオルを手前に引き寄せて、太ももの裏を伸ばします。反対側も同様に。

左右各
20～
30秒

2人で
ストレッチ

子どもは仰向けに寝て、両腕は伸ばして床に。大人は両手と肩を使って、子どもの左脚をしっかりとホールド。ゆっくりと押します。反対側も同様に。

ストレッチする部位

腓腹筋

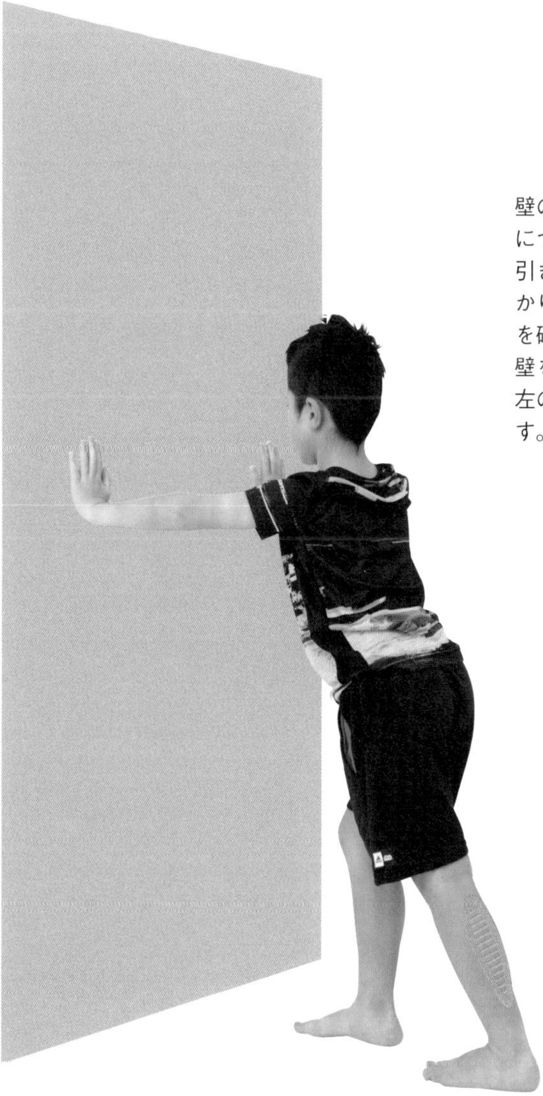

左右各
20~
30秒

壁の前に立って、両手を壁につきます。左足を後ろに引きます。両足の裏がしっかりと床についていることを確認。体を少し前傾させ、壁を押すようにキープして、左のふくらはぎを伸ばします。反対側も同様に。

ストレッチする部位

ヒラメ筋

左右各
20~
30秒

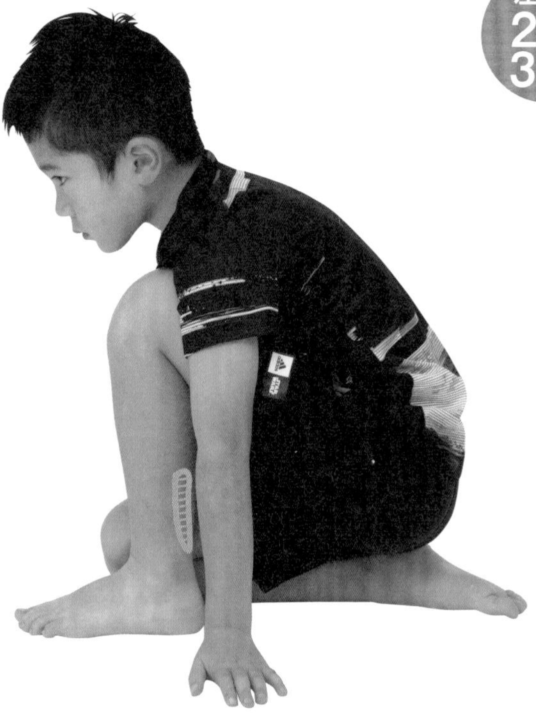

正座で座り、左膝を立てます。左足の裏はしっかり床につけます。上体を前に倒し、胸で太ももを押しながらキープし、左のふくらはぎを伸ばします。反対側も同様に。

ストレッチする部位

足底筋

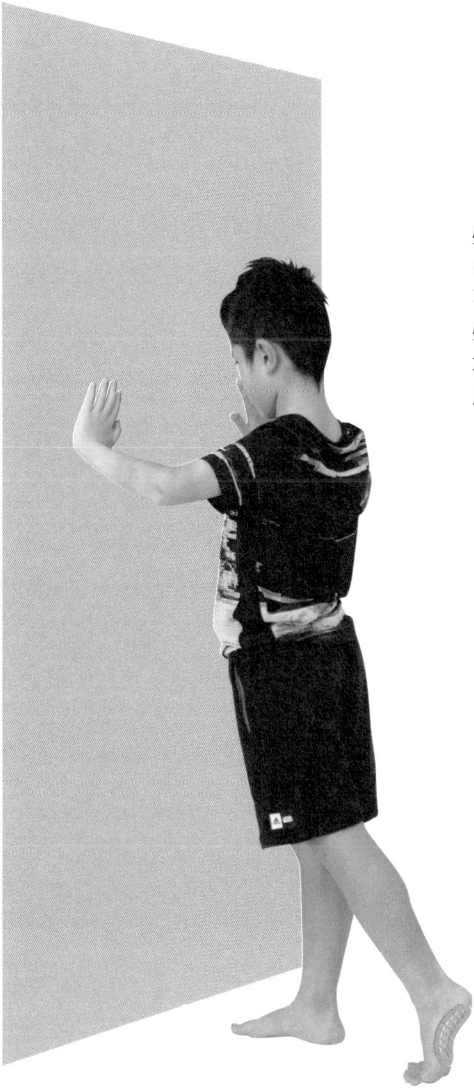

左右各20～30秒

壁の前に立って、両手を壁につきます。左足を後ろに引き、かかとを上げます。壁を押すようにしながら、左足裏の筋肉を伸ばします。反対側も同様に。

保護者からの質問

Q 勉強をせずに外で遊んでばかりなのですが、大丈夫でしょうか？

A 運動や遊びで獲得できる脳への刺激もあります

もちろん、勉強することは大切です。学校の授業はしっかりと受けてほしいと思いますが、遊ぶことも知能の発達に関与しているので、体を動かすことも勉強をするのと同様に大切です。たとえば、ジャングルジムの上り下りは、体を安定させることや体の位置を感知する固有受容器のトレーニングになります。ブランコやシーソーも同様に、体のバランスをとるための脳神経系の発達に役立つもの。かくれんぼで隠れる場所を探すとき、障害物を乗り越えたり、狭いところに潜り込んだりするような場面で、脳は環境を三次元で捉えて情報を処理します。これらは勉強やテレビゲームでは得られない刺激で、脳の発達に役立つもの。積極的に遊ばせてほしいと思います。

section 6

子どもの柔軟性バランスチェック

柔軟性・
体バランスチェック
の使い方

1

右ページを子どもに見せて ポーズを真似させる

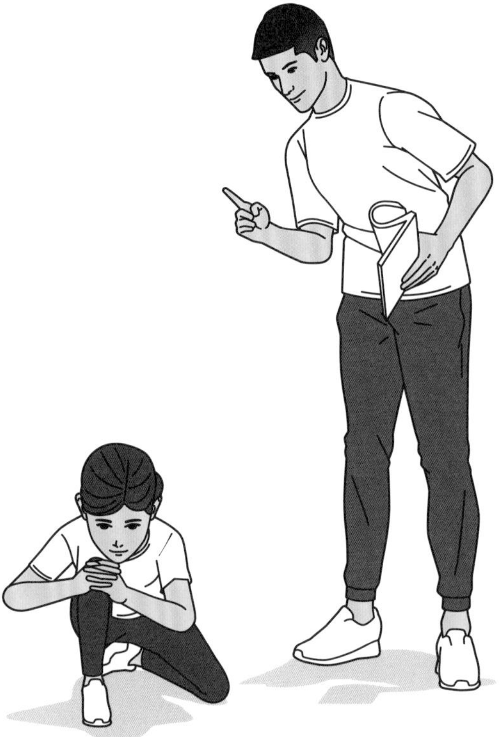

まず、お子さんに右ページだけを見せて、ポーズを真似させてみてください。自然な動きでできたポーズを見たいので、正しくやろうという意識が強く出ないよう、フォームの細部は気にせず、単純に真似させてください。

2

左ページの写真と比べて評価

お子さんのポーズを左ページの写真と比べてみましょう。全10ポーズをチェックすると、どの部位の柔軟性が不足しているか、筋力が足りないかがわかります。苦手なものがわかったら、それを補うためのトレーニングやストレッチを継続的に行いましょう。

CHECK 1

四つ這いになって背中を丸める

このカタチを
真似してみて!

※子どもにこの写真を見せて、
ポーズの真似をさせます。

わかること→

腰背部の柔軟性と腹横筋の強さ

背中があまり丸まらない、首があまり曲げられない場合、脊柱の可動性が小さいと言えます。成長段階でしておくべき動作が不足している可能性があります。P40からの3〜8歳を対象にした筋トレに取り組んでみましょう。

評価 ◎

評価 △

CHECK 2

椅子に座って脚を組んで体を捻る

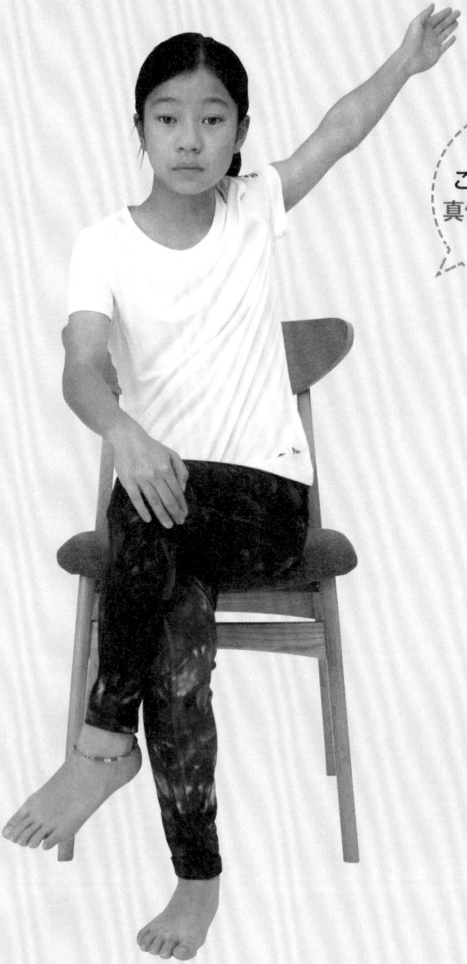

このカタチを
真似してみて！

※子どもにこの写真を見せて、
ポーズの真似をさせます。

わかること→

胸部・背部の柔らかさ

腕があまり後ろにいかない、顔が上げた手のほうについていってしまう場合、胸部・背部の柔軟性不足、肩関節周辺の筋力不足などが考えられます。大胸筋、僧帽筋のストレッチや、P56 ～ 59 の肩関節と股関節の筋力トレーニングなどにチャレンジしてみましょう。

評価

△

評価

◎

CHECK 3

椅子に座って足首をつかみそこから膝を伸ばす

このカタチを
真似してみて！

※子どもにこの写真を見せて、ポーズの真似をさせます。

わかること→

ハムストリングスの柔らかさ

膝が伸びきらない場合、ハムストリングスとその周辺の柔軟性不足と言えます。ハムストリングス（P112）、腰背部（P107）、大臀筋（P108）のストレッチを続けてみましょう。

評価

◎

評価

△

CHECK 4

片膝立ちをして前傾する

このカタチを
真似してみて!

※子どもにこの写真を見せて、
ポーズの真似をさせます。

わかること→

足首の柔らかさと膝のアライメント

足首のアライメントが整っていないと、膝とつま先がまっすぐに前を向きません。その場合、普段の立ち方や歩き方から気をつけるようにしましょう。また、前に出した足のかかとが浮いてしまう、前傾できないという場合は、ヒラメ筋(P114)の柔軟性不足などが考えられるので、ストレッチを。

評価

◎

評価

△

評価

△

CHECK 5

立位での前屈と後屈

※子どもにこの写真を見せて、ポーズの真似をさせます。

わかること→

脊柱の可動性、腹部・脚の後面の柔らかさ

前屈で指先が床に届かない場合はハムストリングスや大臀筋、後ろに反れない場合は腹部周辺の柔軟性不足が考えられるので、ストレッチに取り組みましょう。脊柱の可動性を上げるためには、P40からの３～８歳を対象にした筋トレに取り組んでみましょう。

評価

△

評価

◎

CHECK 6

立位で両手を真上に上げる。両腕は耳の横に

このカタチを
真似してみて!

※子どもにこの写真を見せて、
ポーズの真似をさせます。

わかること→

良い姿勢か不良姿勢か

両腕がしっかり耳横まで上がり、腰に適切な前湾があり、肩甲骨が内転しているのが良い姿勢。胸椎が後湾、腕が真上に上がらない、肩甲骨が外転しているのが不良姿勢。日常生活中の姿勢に気をつけましょう。

評価

△

評価

◎

CHECK 7

うつ伏せになって両膝を曲げかかとをお尻に近づける

このカタチを
真似してみて！

※子どもにこの写真を見せて、ポーズの真似をさせます。

わかること→

大腿四頭筋の柔軟性とハムストリングスの強さ

かかとが十分にお尻に近づけられない場合に考えられるのは、大腿四頭筋の柔軟性不足と、ハムストリングスの筋力不足。大腿四頭筋（P111）のストレッチや、下半身の筋肉を強化するトレーニングに取り組んでみましょう。

評価

◎

評価

△

CHECK 8

両脚を抱えて しゃがむ

このカタチを
真似してみて！

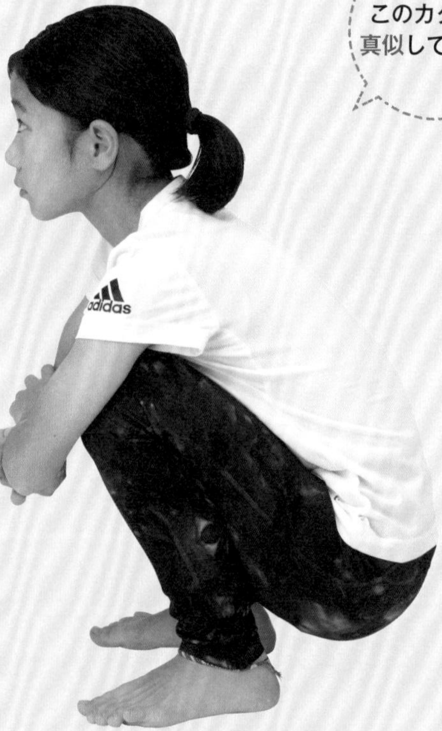

※子どもにこの写真を見せて、ポーズの真似をさせます。

わかること→

足首の柔軟性

かかとが床から離れてしまったり、しっかりとしゃがむことができなかったりする場合に考えられるのは、ヒラメ筋（P114）の柔軟性不足や、バランスをとったり体を安定させたりするための筋力の不足。それらを高めるためのストレッチやトレーニングに取り組みましょう。

評価

◎

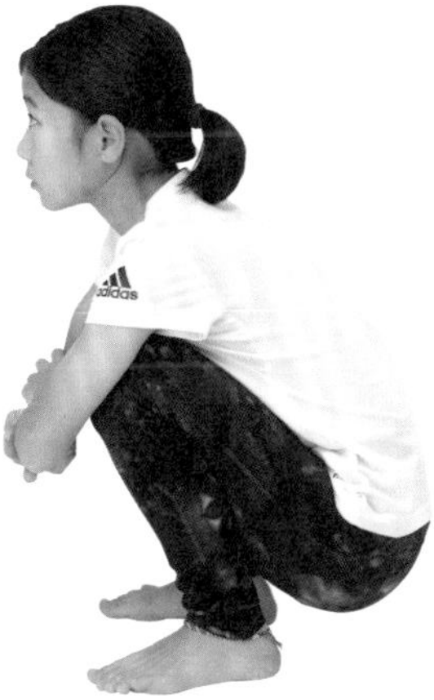

評価

△

CHECK
9

裸足で直立し
足裏のアーチを見る

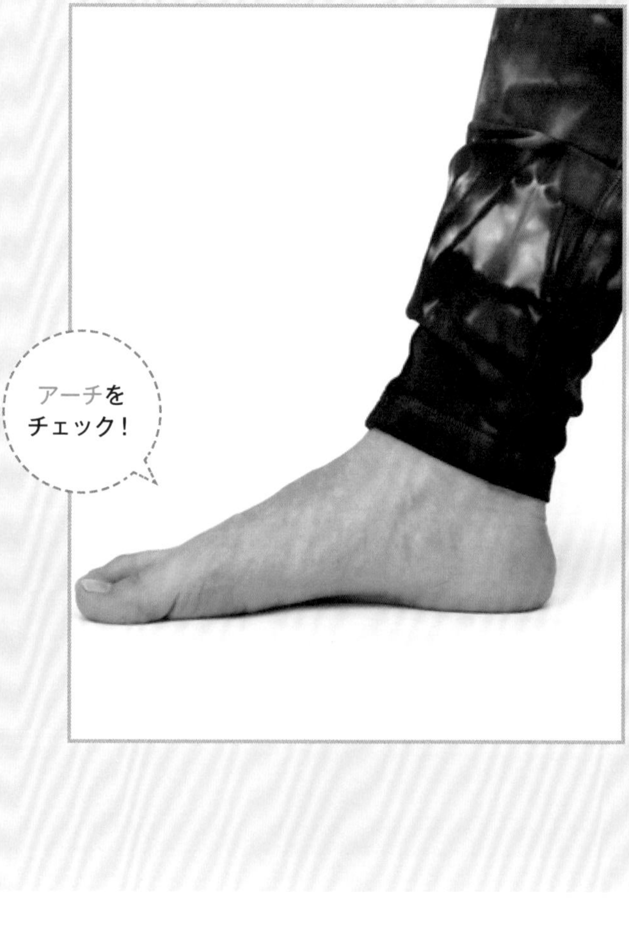

わかること→

足底の柔軟性と筋力

ハイアーチの場合は足底筋（P115）のストレッチ、扁平足の場合はタオルを足の指先でつかんで離すを繰り返す「タオルギャザー」と呼ばれる運動などを行いましょう。

評価

◎

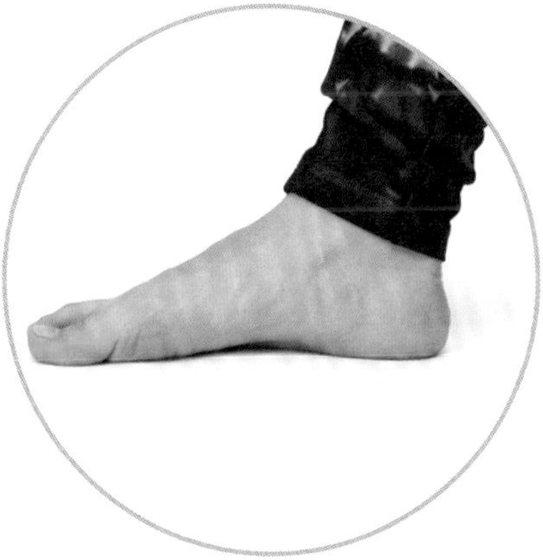

評価

△

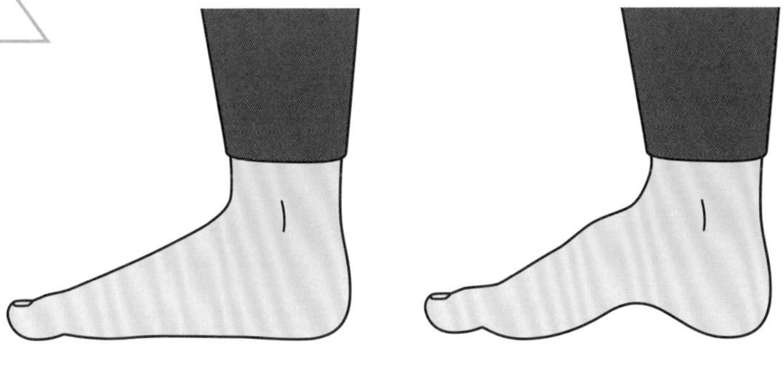

扁平足　　**ハイアーチ**

CHECK 10

足指ジャンケンをする

このカタチを
真似してみて！

グー

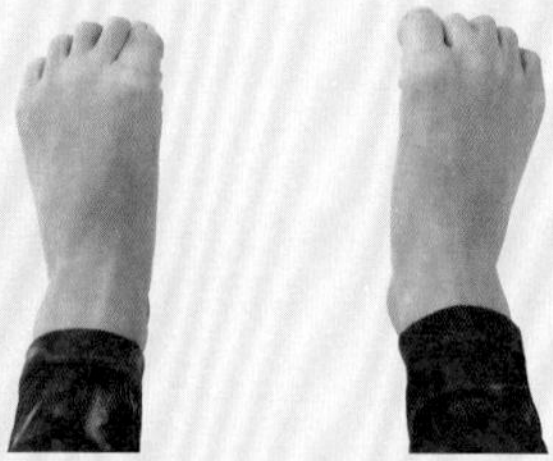

チョキ

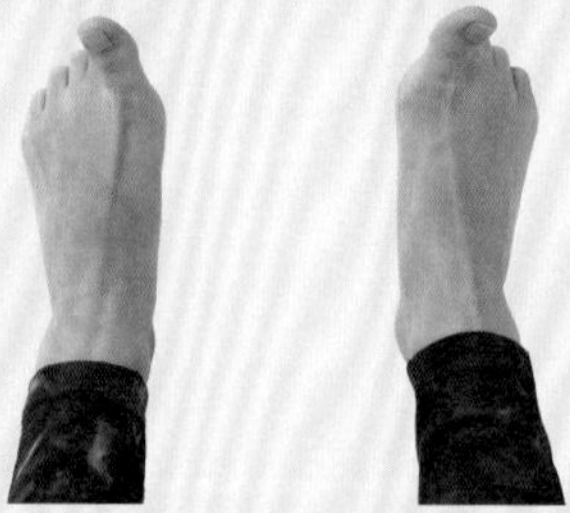

パー

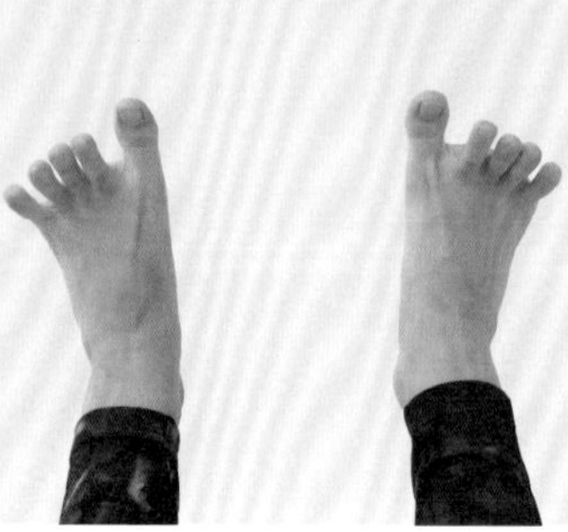

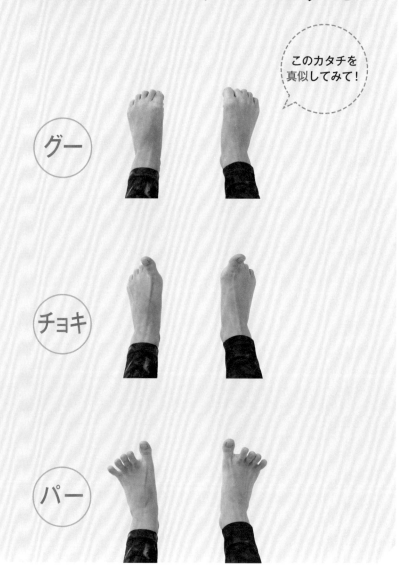

わかること→

足指の可動性

うまくグー、チョキ、パーが指先で表現できない場合は、足指の可動性不足が考えられます。裸足で過ごす時間を増やしたり、足指を意識的に動かしたりするようにしましょう。

評価

◎

グー

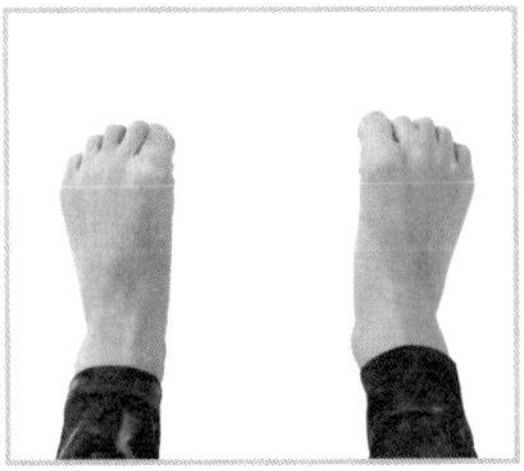

チョキ

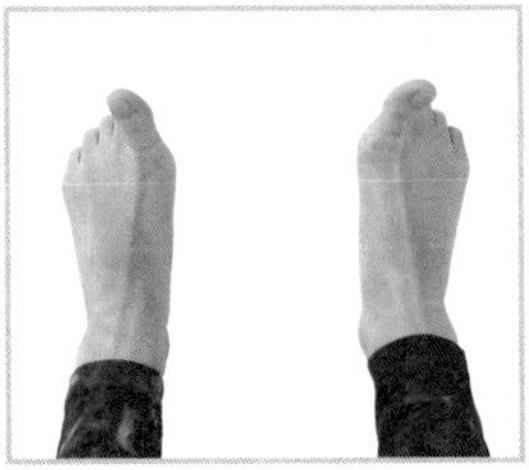

パー

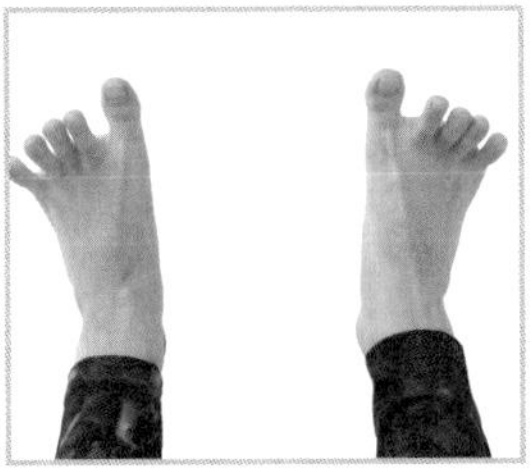

評価

△

グー

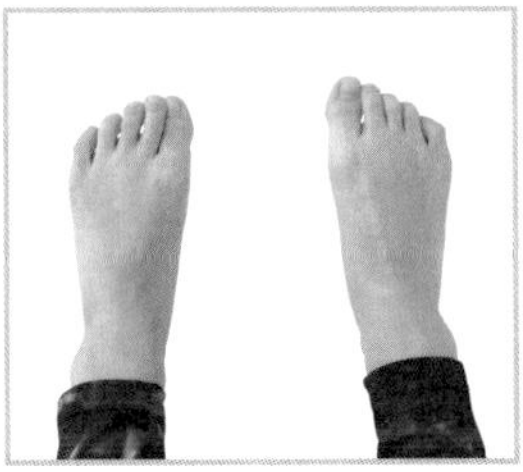

チョキ

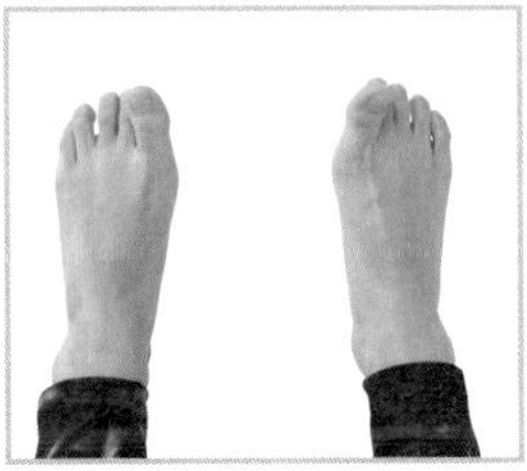

パー

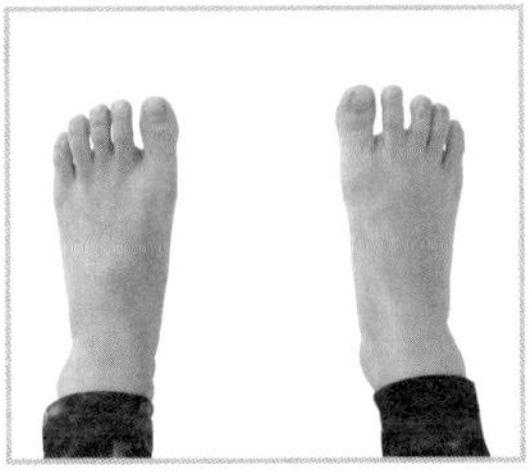

保護者からの質問

Q 運動、食事、睡眠以外の日常生活の中で気をつけるべきことはありますか？

A 座っている時間を短くして日常生活の中での活動量を増やしましょう

学校の授業を終えて、塾へ。通学や移動は電車やバスの座席に座っている。家に帰ってからは宿題をして、ソファに座ってテレビを観たり、ゲームをしたり。これはもう明らかに座っている時間が長すぎます。電車やバスの中ではなるべく立つようにする、エスカレーターを使わずに階段を上る、などを心がけてほしいものです。また、不良姿勢をとらせないことも大切です。親がソファに埋もれてテレビを観ていると、子どもはその姿勢を真似するものです。成長段階の子どもが不良姿勢をとりつづけると、骨格の形成不全が起こる可能性があります。柔らかすぎるソファ、高さの合っていない椅子などにはあまり座らせず、子どもの姿勢を正しく保ってあげましょう。

section 7

医学的見地からみた子どもの運動

子どもたちが運動に励むとき、どのようなことに気をつけるべきなのか。
慶應義塾大学医学部スポーツ医学総合センターの佐藤和毅教授には
整形外科医の観点で、同センターの田畑尚吾助教には内科医の観点で、
それぞれ注意するべきことを伺いました。

ケガには外傷と障害の2種類がある

スポーツの現場で起こるケガは、外傷と障害に大きく分けられます。運動中に体に急激に大きな力が加わって起こる不慮のケガが、外傷にあたります。野球をプレーしていて滑り込みをしたときに擦りむいた、サッカーをしていて相手と接触したときにバランスを崩して足首を捻挫した、というのが外傷です。

一方で障害は、一定の動作の繰り返しによって特定の部位が酷使されたことで起こるもの。投球動作を繰り返すことで引き起こされる野球肘が、よく知られている代表的な障害の例です。

小学生くらいの年代で、スポーツ中に起こる外傷として多いのは、いわゆる突き指と、足関節の捻挫です。前者は野球とドッジボール、後者はサッカーの競技人口が多いため。小学生年代は筋肉が柔軟なので、中学生以降になって増える肉離れなどの筋肉系のトラブルはそれほど多くありません。

障害で多く見られるのは、やはり野球肘です。これも野球の競技人口の多さと関係しています。突発的なケガである外傷の予防は難しいですが、障害のリスクを軽減することは可能です。

上肢は野球肘、下肢はオスグッド病が障害の代表

前述したとおり、小学生年代で圧倒的に多い障害は野球肘です。数が多いのは競技人口の多さが理由ですが、バレーボール、バドミントン、テニス、ソフトボール、それからドッジボールなどのオーバーヘッドスポーツでも同様の肘障害が起こります。

肘の障害が起こる理由は、オーバーユースとフォームの悪さですが、どちらがより問題になるかというと、オーバーユースです。仮にフォームが悪かったとしても、投球数が多くなければ障害が起こる可能性は低いでしょう。しかし、理想的なフォームで投げているはずのトップアスリートでも、肘を酷使すれば障害が起こってしまいます。

ちなみにドッジボールは、野球ほどボールを投げませんが、ボールが重く負荷が高いので、投球数がそれほど多くなくても障害を起こす可能性があります。

下肢で多いのは、オスグッド病と呼ばれる膝のオーバーユースによる障害です。スポーツ動作全般で発生する障害ですが、ジャンプ動作、ダッシュやボールを蹴る動作で起こりやすく、サッカー、バレーボール、バスケットボールなどのプレーヤーに多く見られます。

障害の原因はオーバーユース

野球肘には、上腕骨小頭離断性骨軟骨炎に代表される外側型、肘内側側副靭帯損傷や上腕骨内側上顆裂離骨折を含む内側型、尺骨肘頭の疲労骨折などの後方型に分類され、いずれも発症にはオーバーユースが深くかかわっています。

もちろん、練習前の入念なウォーミングアップや、練習後のアイシングとストレッチも重要ですが、絶対的な投球数を減らすことが最大の予防です。

プロの選手も投球数が管理されるようになりましたし、最近は高校生の球数制限が議論されるようになりました。リトルリーグでは投球数の規定がありますが、小学生・中学生全体で、練習を含めた投球数がオーバーユースにならない数に抑えられているかというと、そうなっていないのが現状だと考えられます。

また、キャッチャーがピッチャーに返球する場面でも注意が必要です。座ったままの手投げは厳禁。捕球したら、一度立ち、しっかりと重心移動を使って返球するべきです。

投げれば投げただけ球速が増すということはありませんし、試合に負けたからと投げ込みをさせるのはもってのほか。重度の障害が起これば、子どもの競技人生そのものを奪ってしまうかもしれないのです。

真面目な子どもほどオーバユースになりがち

転んで手足を擦りむくような外傷は、腕白な子、おっちょこちょいな子が起こしがちですが、オーバーユースによる障害は真面目な子ほど注意が必要です。試合にも練習にも全力で取り組み、指導者が与えるメニューをサボらずにこなす。それに加えて、自主練習も積極的に励むとなると、オーバーユースの危険性が高まります。スポーツクラブなどに所属して、毎日のように練習しているといった場合、それだけで練習時間は十分か、多すぎる可能性すらあります。

試合に負けたとき、負けず嫌いな子や真面目な子は、練習をしたがるかもしれません。ピッチャーをして打たれたら投げ込みたがるかもしれませんし、サッカーをしていて得点できなければシュート練習をしたがることがあるでしょう。しかし、試合はそれ自体、強度がかなり高いものですから、さらに体に負荷をかけるのは望ましくありません。

子どもの意欲を優先したい気持ちはもちろん理解できますが、練習量を制限してあげるのも大人の大切な役目です。長い目で子どもの成長を見守ってあげてください。

さまざまな競技に挑戦するのもおすすめ

なるべく早く特定の競技に集中するというのは、スキルの向上という意味では有利かもしれません。しかし、障害の観点から言えば、幼少期から1つの競技だけを集中的に行うのはオーバーユースの可能性が高まるので、あまりおすすめできるものではありません。

たとえばアメリカでは春夏は野球、秋冬はバスケットボールというように、複数のスポーツを掛け持ちするのが一般的です。

複数のスポーツを楽しむことは、障害予防になると同時に、筋肉もバランスよく発達するでしょうし、自分の得意不得意がわかるというメリットも考えられます。中学校や高校の部活動となると、掛け持ちが難しいのが日本の現状かもしれませんが、少なくとも小学生のうちは、あまり凝り固まらずに、さまざまな競技をやってみても良いのではないかと思います。

比較的関節への負荷が少なく、掛け持ちのスポーツとしておすすめなのが水泳です。陸上で行うスポーツにつきまとうジャンプやダッシュという動作がないので、他競技と掛け持ちした際、障害が起こりにくいはずです。

ケガをした際は必ず病院で画像診断を

突発的に起こる外傷にも、擦り傷や打撲から捻挫、骨折、脱臼まで、さまざまな種類が存在します。

一言で捻挫といっても、靭帯の損傷のレベルはまちまちですし、捻挫した部位が足首なのか膝なのかでも、競技に復帰できるまでの時間は異なります。同じ骨折でも亀裂骨折か粉砕骨折か、足の指の骨の骨折か関節の内部の骨折かでは、当然処置が異なります。また、脱臼の中には、骨折をともなう厄介なものもあります。

運動中に、疼痛や変形があるようなケガをした場合は、速やかに整形外科を受診することをおすすめします。骨折をともなったケガなのかどうかをはっきりさせるには、Ｘ線写真を撮る必要があるからです。

捻挫や脱臼で靭帯を損傷した場合、初期に正しい治療を行わないと、関節が不安定になってしまうこともあります。ちょっとぶつかっただけ、ちょっと転んだだけでも、靭帯を損傷したり、骨が折れることはあります。子どもが痛みを訴えているなら、たとえ軽症に見えたとしても、一度病院を受診しておいたほうが良いでしょう。

運動の〝やらなすぎ〟にも注意が必要

現代人は過剰に運動をする人と、ほとんど運動をしない人の二極化が進んでいます。これは大人に限った話ではなく、子どもでも同じです。

場合によっては、クラブの掛け持ちをしながらサッカーや野球などの練習をたくさんする子がいる一方で、学校の体育の授業以外はまったく運動をせず、外で遊ぶこともほとんどないという子が増えています。

健康的な体づくりのためにも、生涯にわたって運動に親しむ基礎を築くためにも、子どものうちから適度な量の運動をすることはとても重要です。２００８年に発表された「Physical Activity Guidelines for Americans」には、6～17歳の間は、毎日60分以上の中強度～高強度の身体活動を行うべきと書かれています。

また、その60分のうちのほとんどは〝中強度以上の有酸素運動〟であることが望ましいと同時に、週に3回は〝高強度の有酸素運動〟をすべきとされています。

さらに、毎日の身体活動のうち週に3回は筋力を強化するような運動と、骨を強化するための運動をすることが望ましいとも書かれています。

ちなみに、強度が高い有酸素運動として例に挙げられているのは、ランニングやサイクリング、水泳、縄跳び、サッカーなどです。筋力強化の運動には、自体重を使ったトレーニングや木登り、遊具を使った遊びなど、骨強化の運動には、縄跳び、ランニング、ジャンプを含んだスポーツなどが挙げられています。

スポーツ庁が公表した「全国体力・運動能力、運動習慣等調査」（平成30年度版）によれば、全国の小学生が体育の授業以外で１週間に運動している時間は、男子平均で５８８・２５分、女子平均で３５３・６８分。ですが、運動部やスポーツクラブに加入していない子に限ると男子平均で２９０・７分、女子平均で２２５・０分となります。

運動部やスポーツクラブに加入していない子は、運動の頻度、強度ともに足りていない可能性がとても高いということがわかります。

一昔前の子どもと比較すると、外で走り回って遊ぶようなことも減っているでしょうから、大人が子どもに運動の機会を与える必要があると言えるでしょう。

もちろん、運動の総時間が多すぎたり、筋力強化や骨を強化する運動の頻度が高すぎると、オーバートレーニングやオーバーユースの問題が出てきます。

運動の時間を何分までと制限するのは、個人差もあり難しいですが、子どもが疲労感を感じているときはもちろん、食欲が低下したり、夜眠れないといったことなどがあったりする場合もオーバートレーニングの可能性があるので、注意が必要です。

子ども時代の過ごし方が将来の健康につながる

骨の中にあるカルシウム量が減少し、骨が脆く折れやすくなる骨粗鬆症。更年期を迎えた女性、高齢者に多く見られる病気であるため、子どもには関係がない話と思われている方もいるかもしれません。

しかし、20歳までをいかに過ごすかが、骨粗鬆症になるかどうかに大きくかかわっているのです。

骨に含まれるカルシウムなどのミネラル成分、いわゆる骨塩量は、20歳ごろに最大となります。その後、40歳ごろまでは維持され、40代後半から次第に低下していきます。そして、骨塩量が基準値以下に低下すると、骨粗鬆症となり、骨折などを起こしやすくなります。

成人して以降、骨塩量の低下を食い止めることも大切ではありますが、ピーク時の骨塩量を高めることが、骨粗鬆症予防にとても有効だとされています。

最大骨塩量を１００％としたとき、身長のもっとも伸びた時期の前後5年間に39％の骨塩量が獲得されたという報告があることからも、小学生・中学生のときに、骨塩量を意識した生活をすることの重要度がわかるでしょう。

成長期にいかに骨塩量を高めるかが、将来の骨の健康のためのカギと言えるのです。

運動による骨への刺激が骨塩量を増やす

骨塩量を増やすためには、骨への刺激が重要になります。刺激とは、荷重や筋力による力学的な負荷で、これが大きいほど、骨塩量と骨強度は増加すると言われています。骨への刺激は、歩行、ランニング、ジャンプの順に大きくなるため、適切な範囲でのランニングや、ジャンプをともなう運動が効果的です。

骨塩量の増加速度が最大となるのは、成長ホルモンが増加する思春期で、その前からの身体活動がとくに骨塩量、骨の幅の増加のうえで重要です。思春期前の子どもに定期的な着地運動（60㎝の高さの台からの着地）をさせると、腰椎と大腿骨頸部の骨塩量が増すという臨床研究もあります。

また、女子に関しては、より効果的に骨塩量を増加させるためには、思春期前から思春期前期（初経前）の運動が重要だという研究結果が報告されています。

日本においては骨粗鬆症患者の80％以上が女性であることを考えると、とくに女子に関しては、小学生の間に運動によって骨に刺激を与えて、骨塩量を増やすことが大事だと言えるでしょう。

将来の健康のためにも、運動嫌いにさせないことが大切なのです。

栄養はサプリメントではなく食事から

健康な体づくりのためには、運動だけでなく、食事も大切な要素です。前述した骨の形成について言えば、カルシウムやビタミンDが重要になります。

たとえば、「日本人の食事摂取基準」（２０２０年版）によれば、10～11歳の男子で７０８㎎、女子で７３２㎎、12～14歳の男子で９９１㎎、女子で８１２㎎が、一日のカルシウム摂取の推奨量とされています。栄養バランスを意識した食生活を送らなければ、摂取が難しい量だと思います。

また、小学生、中学生の年代で不足しがちな栄養素が鉄分です。とくに運動量の多い子どもは、鉄分摂取が重要になります。先ほどの「日本人の食事摂取基準」（２０２０年版）の推奨量は、10～11歳の男子で８・５㎎、女子で８・５㎎（月経がある場合12・０㎎）、12～14歳の男子で10・０㎎、女子で８・５㎎（月経がある場合12・０㎎）となっています。これも意識しなければ届かない値でしょう。とくに月経による鉄喪失がある女子では、男子よりも鉄欠乏やそれにともなう貧血になりやすいため、注意が必要です。

栄養素を確保するため、子どもにサプリメント（プロテインも含む）を摂取させるのは、おすすめできません。スポーツ栄養の基本は食事であり、まずは食事を工夫することによって、十分なエネルギーと栄養素を摂取することが大前提です。サプリメントの効果は、子どもに対してはエビデンスがないのが現在の状況で、安全性が保証されていないからです。

将来のためにも思春期の肥満は避けるべし

１９７０年代以降、食生活やライフスタイルの変化によって、子どもの肥満が急激に増加しました。現在は、増加傾向は止まったものの、10％を超える子どもが肥満になっています。思春期に肥満であった場合、その70～80％が成人肥満に移行します。

肥満は、生活習慣病と呼ばれる2型糖尿病、脂質異常症、高血圧の原因になり、動脈硬化も促進。心筋梗塞や脳卒中を起こすリスクが上がります。思春期に肥満を避けることが、将来の健康にもつながるということです。

子どもの肥満のほとんどは、摂取エネルギーが消費エネルギーを上回っていることが原因です。つまり、食べすぎと運動不足によって起こっているということです。

ジュースやお菓子、ファストフードなど、高カロリー・高糖質のものが手軽に手に入る時代ですから、大人の方がコントロールしてあげる必要があるでしょう。食事内容が糖質に偏り、カロリーの高いジュースやお菓子を口にしていれば、あっという間に摂取カロリーが消費カロリーを上回ってしまいます。

またゲームやテレビ、パソコンなどを楽しむスクリーンタイムの増加は、運動不足につながります。これに関しても上限を設けるべきだと思います。

女子はエネルギー不足に要注意

体重が増えると競技力が落ちるのではないか、ほっそりした体型を維持したい……そんな考えに縛られると、エネルギー不足を招く恐れがあります。何らかのスポーツクラブに所属し、一生懸命練習をしていて運動量が多い場合、当然、運動で消費する以上のエネルギーを食事から摂取する必要があります。

運動量が多いにもかかわらず、十分な食事がとれていないと、エネルギー不足に陥り、この状態が続くと、体の成長を妨げ、無月経や骨粗鬆症などを引き起こします。エネルギー不足自体は男子にも起こりうるものですが、体重や体型を気にすることが多い女子の場合、より注意が必要です。

体が成長する時期は体重が増えて当たり前で、むしろ増えないほうが問題です。

トレーニングで筋肉が増えれば体重は増えますし、女子は月経の周期で体重が増減するものです。また、肥満は避けるべきですが、体脂肪は必要以上に減らしてはいけないものでもあります。

フィギュアスケートや新体操、持久系の陸上競技をしている子どもは、本人自身が摂取カロリーを制限してしまうこともあるので、注意しましょう。

大人より子どものほうが熱中症のリスクが高い

運動部やスポーツクラブに入っている子どもは、熱中症に対する注意も必要です。高温多湿の日本の夏。炎天下にいればすぐに大量の汗をかき、体内の水分や塩分が失われてしまいます。子どもは大人と比較すると体温調節機能が未発達なので、体温を下げるのにも時間がかかります。全身に占める水分の割合が大人より高いため、外気温の影響を受けやすい特徴もあります。

また、身長が低い子どもは、地面からの照り返しの影響も強く受けます。大人が暑いと感じている場合、子どもはそれ以上に暑さを感じる環境下にいるということです。

運動中の小まめな水分補給（喉が渇いたと感じる前）と休憩、帽子やサングラスの着用、熱放散を妨げないウェアの着用などの対策が重要ですが、いちばんの対策はリスクの高い環境で運動をしないこと。ＷＢＧＴ（湿球黒球温度）という、湿度や日射・輻射など周辺の熱環境、気温を取り入れた暑さ指数があり、計測機械も市販されています。ＷＢＧＴが31℃以上の場合は、運動は中止すべきです。

子どもは遊びやスポーツに夢中になってしまいますから、周囲の大人がしっかりと管理と対策をして、子どもたちを熱中症から守ってあげてください。

おわりに

最近、私が住んでいるマンション敷地内の子ども用の遊び場が新しくなりました。窓から眺めていると、子どもたちがいつもその公園を走り回っています。

子どものいない私は、「なぜ、子どもたちはいつも走り回っているのだろう？」と、疑問に感じていました。しかし、よく観察していると、その年代に必要な、体の基礎をつくるための運動になっていることがわかってきました。安全な範囲でどんどん走り回って、よじ登って、競い合ってほしいと思っています。

新しくなった公園内の遊具は、以前に比べて充実しています。すべり台はもちろん、ジャングルジムやクライミングウォールもあります。

ところが、リニューアル後しばらくは大盛況だったものの、少しずつ遊ぶ子どもが減ってきているように感じます。子どもたちがやっているテレビやスマートフォンのゲームは、昔より臨場感があってエキサイトするものになっています。普段からそうしたもので遊んでいたら、公園の遊具はきっとつまらないものに感じられるでしょう。

でも、あくまでもゲームはゲームです。公園の遊具遊びや各種のスポーツといった運動からでしか得られないものがあることを、本書を読んでくださったみなさんは理解されたことでしょう。

私は、こんな願いを込めて本書の執筆にあたりました。

●お子さんのいまの身体的特徴を認識してほしい
●どんな動作の繰り返しが子どもにとって危険なのかを知ってほしい
●クラブで行っているトレーニングは、子どもにとって安全かを検証してほしい

体の特徴は人それぞれ違います。私はトレーナーとしてたくさんのトップアスリートを見ていますが、実はトップアスリートほど身体的特徴に個別性があるのです。その個別性があるから世界のトップレベルに行けた、といったケースも多く見てきました。

たとえば、人よりも明らかに肘関節を大きく伸ばせるから特殊な動作ができて勝てる。そんなケースだってあります。ですが、何か疑問に感じたら、一人の専門家に評価してもらうのではなく、さまざまな分野の専門家に相談してみてください。

本書のお話をいただいてから、編集者の方にお願いして、子どもにスポーツをさせている親御さんに集まってもらい座談会を開きました。そこには、いろいろな悩みや葛藤がありました。

でも、共通しているのは、子どもの幸せであり、健康です。そのキッカケが、本書を読んで知識を深め、運動を通じてお子さんとコミュニケーションをとることだったならば、著者としてこれほど嬉しいことはありません。

中野ジェームズ修一

参考引用文献

『柔軟性の科学』大修館書店　マイケル・J. オルスター著　山本利春監訳

『ちゃれんＧボール　Kids on the ball』ギムニク　長谷川聖修監訳

『コーチング・クリニック』ベースボールマガジン社
2005 年２月号　最近の子供達の現状と発育・発達及びスポーツ指導　浅井利夫　取材記事
2005 年２月号　子供の脳の発達の遅れと一人遊び&コミュニケーション　寺沢宏次　取材記事
2005 年２月号　Ｇボール&ジャグリングを利用した子供のトレーニング　沖田祐蔵　取材記事
2005 年２月号　ジュニアアスリートのためのセルフケアのポイント　吉田仁　取材記事
2006 年４月号　ジュニアの指導に関する考え方とアドバイス　日高哲朗　取材記事
2006 年４月号　チームスポーツで育てる心と身体　鈴木良和　取材記事
2006 年４月号　幼児・児童の発育発達を促す新運動プログラム　中村和彦取材記事
2011 年１月号　発育曲線と照合して子供の発育発達を確認しよう　鈴木志保子　取材記事
2011 年１月号　指導者が心がけるべきジュニア期の筋力トレーニングのあり方　有賀誠司　取材記事

『セルフ・エフィカシーの臨床心理学』北大路書房　坂野雄二・前田基成編著

『あなたが演じるゲームと脚本』チーム医療　杉田峰康著

『食行動の心理学』培風館　今田純雄編

『行動変容マニュアル』ブックハウス HD　竹中晃二編

『健康のための行動変容』法研　ステファン ロルニック他著

『医療・保健スタッフのための健康行動理論の基礎』　医歯薬出版　松本千明著

『きょうのストレッチ』ポプラ社　中野ジェームズ修一監修

『一流の人がやる気を高める 10 の方法』ソフトバンク新書　中野ジェームズ修一著

『ジュニアアスリートをサポートする　スポーツ医科学ガイドブック』メディカルビュー社
金岡恒治・赤坂清和　編集

『子どもの運動神経をグングン伸ばす スポーツの教科書』ベストセラーズ　中野ジェームズ修一監修

Physical Activity Guidelines for Americans 2nd edition
(https://health.gov/paguidelines/second-edition/pdf/Physical_Activity_Guidelines_2nd_edition.pdf)

子供の運動をスポーツ医学の立場から考える ～小・中学生の身体活動が運動器に与える効果～日本臨床スポーツ医学会 学術委員会 整形外科部会（https://www.rinspo.jp/pdf/proposal.pdf）

Baxter-Jones AD, et al. Bone mineral accrual from 8 to 30 years of age: an estimation of peak bone mass. J Bone Miner Res 26: 1729-1739, 2011.

Specker B, et al. Calcium and exercise requirements for optimal development. 6th International Workshop for Musculoskeletal Interactions. Cologne, Germany, May 8, 2008.

【著者】

中野ジェームズ修一 (なかの じぇーむず しゅういち)

スポーツモチベーション CLUB100 最高技術責任者
PTI 認定プロフェッショナルフィジカルトレーナー
米国スポーツ医学会認定運動生理学士 (ACSM/EP-C)
1971 年 8 月 20 日、長野県生まれ。フィジカルを強化することで競技力向上やケガ予防、ロコモ・生活習慣病対策などを実現する「フィジカルトレーナー」の第一人者。また、日本では数少ない、メンタルとフィジカルの両面を指導できるスポーツトレーナーとして、日本を代表するトップアスリートから一般の個人契約者まで、数多くのクライアントをもつ。2014 年からは青山学院大学駅伝チームのフィジカル強化指導も担当しつつ、講演会なども全国で精力的に行っている。著書に『世界一伸びるストレッチ』『世界一効く体幹トレーニング』(ともにサンマーク出版)、『青トレ』 シリーズ、『定年後が 180 度変わる 大人の運動』(ともに徳間書店) など、ベストセラー多数。

【監修】

佐藤和毅 (さとう・かずき)

慶應義塾大学医学部スポーツ医学総合センター 教授
1989 年、慶應義塾大学医学部卒業。同年慶應義塾大学整形外科学教室入局。2001-2002 年ニューヨーク州立大学バッファロー校留学を経て、慶應義塾大学整形外科帰室。2016 年 1 月より整形外科准教授、2019 年 4 月より現職。日本整形外科学会認定専門医、同学会認定スポーツ医・運動器リハビリテーション医、日本スポーツ協会公認スポーツドクター、日本障がい者スポーツ協会認定障がい者スポーツ医等の資格を有し、日本整形外科学会スポーツ委員、日本手外科学会監事・代議員、日本骨折治療学会評議員・社会保険等委員、日本肘関節学会評議員・機能評価委員会委員長など多くの学会で要職を務める。・東北楽天ゴールデンイーグルスチームドクター、広島東洋カープチームドクター、読売巨人軍メディカルサポートドクター。

田畑尚吾 (たばた しょうご)

慶應義塾大学医学部スポーツ医学総合センター 助教
2009 年、秋田大学医学部卒業。自治医科大学附属さいたま医療センター (初期研修医)、慶應義塾大学医学部スポーツ医学総合センター (後期研修医)、北里研究所病院 (内科) などを経て、2018 年より現職。糖尿病専門医、総合内科専門医、日本スポーツ協会公認スポーツドクター等の資格を有し、生活習慣病の診療や運動処方に従事する傍ら、日本陸上競技連盟、全日本スキー連盟のドクターとして、アスリートの内科的サポートも行っている。

STAFF

デザイン　坂井栄一（坂井図案室）
カバー写真　ゲッティイメージズ
本文撮影　松山勇樹
イラスト　内山弘隆
構成　神津文人
校正　月岡廣吉郎　安部千鶴子（美笑企画）

協力　古谷有騎　伊藤雅一（株式会社 スポーツモチベーション）

撮影協力　WAKO　GEN　UNO

衣装協力　アディダス ジャパン
アディダス ジャパンお客様窓口
（0570-033-033）

企画編集　苅部達矢（徳間書店）

医師も薦める
子どもの運動

第１刷　2020年２月29日
第３刷　2024年４月１日

著　者　中野ジェームズ修一

監　修　佐藤和毅
田畑尚吾

発行者　小宮英行
発行所　株式会社 徳間書店
〒141-8202 東京都品川区上大崎3-1-1 目黒セントラルスクエア
電話　編集03-5403-4344／販売049-293-5521
振替　00140-0-44392
印刷・製本　図書印刷株式会社

ISBN978-4-19-865038-4